五能線物語

「奇跡のローカル線」を生んだ最強の現場力

遠藤功

PHP

五能線物語

――「奇跡のローカル線」を生んだ最強の現場力

夕日の中を走る「くまげら」

プロローグ

ある夏の夕暮れ時、五能線《ごのうせん》の快速列車「リゾートしらかみ」4号は、満席の乗客を乗せ、あきた白神駅を静かに発車した。

この辺りは、風光明媚な景色を誇る五能線の中でも、圧倒的な絶景が楽しめるスポットだ。

「リゾートしらかみ」の窓は、雄大な景色を楽しむために大きな窓へと改造されている。座席もゆったりと設計されていて、快速列車とは思えないほど快適だ。

穏やかな夏の夕暮れ。ちょうど夕日が沈む頃だった。

列車が鹿《か》の浦《うら》付近にさしかかった時、日本海の水平線の向こうに、燃えるような夕日が沈もうとしていた。

車内から「うわー」という大きな歓声が上がった。乗客たちはこの絶景を楽しみにこの列車に乗っていた。

列車はゆっくりと速度を落とした。止まりそうなほどに減速した。

そのわずかな時間、乗客たちは沈む夕日の余韻を楽しみ、目に焼き付けた。カメラのシャッターを押す音があちらこちらで響いた。

ひとりの女性が立ち上がり、運転席に向かって声をかけた。

「運転士さん、ありがとうございました」

すると、他の乗客たちも立ち上がり、割れんばかりの拍手を送った。

運転士はその乗客の声と拍手を背中で受け止めた。そして、前を真っ直ぐ見据えたまま、軽く頭を下げた。

列車は旅を満喫する楽しそうな会話と笑い声で充ち溢れていた。

五能線メモ

五能線を走る快速列車「リゾートしらかみ」は、沿線にある何ヶ所かの絶景ポイントで速度を落として走る「サービス徐行」を行っている。このサービスは観光客に五能線の絶景を少しでもゆっくり楽しんでもらいたいという運転士たちの思いから始まった。そして、今では定番サービスとなり、好評を博している。このエピソードは、「リゾートしらかみ」の運転士、佐々木雅義が社内の社員意見発表会で発表した自身の経験談である。

五能線マップ

十三湖
中泊町
陸奥湾
津軽中里
津軽線
平成18年豪雪
（立ち往生した列車の乗客からの手紙）
金木
青い森鉄道
津軽鉄道
つがる市
新青森
青森
木造
中田
陸奥森田
鳴沢
越水
津軽五所川原
五所川原
奥羽本線
津軽新城
五所川原市
鶴田町
陸奥鶴田
鶴ケ坂
青森市
東北新幹線
大釈迦
鶴泊
板柳町
板柳
浪岡
80年ぶり立佞武多復活
藤崎町
林崎
藤崎
北常盤
田舎館村
弘前市
川部
撫牛子
津軽弁「語りべ」実演
弘前
青森県
秋田県
大館
花輪線
至盛岡
新青森
青森
五所川原
七戸十和田
五能線
八戸
弘前
東能代
田沢湖
秋田
盛岡
角館
秋田新幹線
大曲
東北新幹線
至東京

津軽三味線演奏
鰺ケ沢
陸奥赤石
陸奥柳田
北金ケ沢
千畳敷
鰺ケ沢町
サービス徐行
大戸瀬
風合瀬
驫木
追良瀬
広戸
深浦町
蜃気楼ダイヤ運転
深浦
横磯
艫作
ウェスパ椿山
土砂災害
(2014年8月)
陸奥沢辺
陸奥岩崎
五能線
十二湖
松神
白神岳登山口
大間越
世界自然遺産
白神山地
西目屋村
岩館
あきた白神
八峰町
滝ノ間
八森
東八森
日本海
沢目
鳥形
藤里町
北能代
向能代
奥羽本線
能代市
能代
東能代
二ツ井
北金岡
森岳
なまはげ登場
三種町
鹿渡
奥羽本線
大潟村
鯉川

はじめに

「日本で一番乗りたいローカル線」と呼ばれる鉄道がある。

それが五能線だ。

秋田県から青森県へとつながる日本海を望み、世界遺産白神山地の山裾をゴトゴトと走る非電化、単線のローカル線。

2014年に楽天トラベルが行った「旅行好きが選ぶ！　おすすめのローカル列車ランキング」で堂々の1位に選ばれた。

その人気の秘密は、見る者を圧倒する絶景である。五能線の総延長距離は147・2㎞。そのうちの約80㎞は海岸線だが、変化に富む絶景が次から次に現れるので、飽きるということがない。

沿線の景色は四季によってまったく異なる表情を見せる。四季折々の楽しみ方があるのもまた五能線の大きな魅力だ。

夏の穏やかな景色を眺めながら、のんびり揺られるのもいい。日本海に沈むオレンジ色に輝く夕日を見れば、思わず誰もが歓声を上げる。

厳しい冬の荒々しい情景も心に響く。列車を襲うかのように迫りくる日本海の荒波を体感するのは、五能線ならではの醍醐味《だいごみ》である。

日本海に別れを告げ、津軽平野に入ると、津軽富士と呼ばれる名峰岩木山がそびえ立つ。岩木山の裾野に広がるりんご畑のなかを、五能線はゆっくりと進んでいく。

沿線にはいくつかの由緒ある町が点在し、五能線の旅を豊かなものにしてくれる。海辺の露天風呂が全国的に有名な黄金崎《こがねざき》不老ふ死温泉などの名湯、秘湯も数多くある。

北東北の手つかずの自然、豊穣な歴史と文化が原風景のまま残っているエリアを五能線は行く。五能線は日本の「宝物」のような鉄道だ。

五能線には「リゾートしらかみ」という人気の観光列車が走っている。全車指定の快速列車だ。大きな窓に、ゆったりした座席。初めて乗車する誰もが「これが普通車!?」と驚く。

快速列車だから、特急券やグリーン券は必要ない。乗車券に加えて、指定席券の520円を払えば乗ることができる。しかし、この切符が観光シーズンには入手困難といわれるプラチナチケットになっている。

観光列車のパイオニア

今、日本はローカル線ブームである。趣向を凝らした観光列車、リゾート列車が日本各地を走り、人気を博している。

『にっぽん全国　観光列車に乗ろう』（昭文社ムック、２０１５年）には、日本全国で走る１００もの観光列車が紹介されている。

日本についての観光情報サイト「ジャパンガイド」ではこう紹介されている。

「世界的に見ても、これほどユニークで多様な列車を有する国はない」

長い間「お荷物」といわれ続けてきたローカル線が、リゾート列車が走る観光路線に変身することで大きな注目を集めている。そして、深刻な過疎化が進行する地方を活性化させる有力な起爆剤としても注目を集めている。

こうしたローカル線人気に火をつけたのが、五能線だ。観光列車のさきがけといわれている「リゾートしらかみ」が運行を開始したのは、１９９７年４月である。「リゾートしらかみ」だけでも20年近い歴史を持つ。

しかし、五能線に観光列車が走り始めたのは、１９９０年4月まで遡る。当時、地元では五能線はこのままでは廃止されてしまうのではないかという不安と危機感が広がっていた。そんな中で、ＪＲ東日本は五能線を観光路線として活性化する方策を必死に探り、眺望列車「ノスタルジックビュートレイン」を走らせたのだ。なんと今から四半世紀以上も前のことである。

当時、ローカル線が観光資源になるなどとは誰も信じていなかった。寂《さび》れたローカル線にわざわざ乗りに来る奇特な人など、一部の鉄道マニア以外いないと誰もが思っていた。

五能線はそうした常識を覆した。寂れたローカル線でも、みんなで知恵を出し合い、創意工夫すれば観光客は来てくれる。寂れたローカル線だからこそ、乗りに行く価値がある。それを実証したのが、五能線だった。

今では、1日3編成の「リゾートしらかみ」が運行されている。編成を増やすたびに「リゾートしらかみ」の利用者は増え、年間10万人以上の観光客が乗車する。だから、五能線は数多くある観光列車の中でも、「別格」の位置付けである。まさに観光列車のパイオニアなのだ。

「奇跡のローカル線」になるまでの道のり

本書は、五能線やその沿線の魅力を伝える観光ガイドブックではない。鉄道マニアのためにマニアックな情報を提供するものでもない。

本書のテーマは、80年もの歴史を持ちながらも、過疎化や自動車社会へのシフトという逆風の中で、地元では廃止の噂まで囁かれていた五能線がどのようにして奇跡の再生を果たしたかである。

逆風に晒《さら》されていたローカル線が、地域の自治体やコミュニティを巻き込み、自助努力で「日本で一番乗りたい」といわれる存在になった。その再生の道筋をたどり、復活の鍵を解き明かしていくのが本書の狙いである。

その復活を牽引してきたのが、ＪＲ東日本（東日本旅客鉄道株式会社）秋田支社である。ＪＲ東日本には12の支社があるが、秋田支社は収入ベースで見ると、一番小さな支社である。全社の収入のわずか１％にすぎない。

しかも、秋田支社は秋田県から青森県をまたぐ広大なエリアを管轄し、その自然環境はきわめて厳しい。冬には地吹雪が地面から吹き上げ、信じられないほどの強風が襲う。強風に煽《あお》られた高波が、海岸沿いの線路に押し寄せる。

そうした厳しい自然環境の中で、鉄道の使命である安全・安定輸送を担っている。そこには、厳しい自然に直面する現場ならではの知恵やアイデアを活かす独自の文化が根付いている。

五能線を人気の観光路線にまで押し上げた原動力も、まさに秋田支社の「現場力」である。「ノスタルジックビュートレイン」は古い客車を改造し、「リゾートしらかみ」は、古い気動車を改造して低コストで造り上げた。プロローグで取り上げた観光客に喜んでもらうための絶景ポイントでの「サービス徐行」も、現場の運転士の機転によって始まった。

車内で津軽三味線の生演奏を企画したり、駅で「なまはげ」を登場させたりと、社員たちの知恵とアイデアで五能線の価値を高めてきた。秋田支社にはこうしたエピソードがちりばめられている。

もちろん、五能線の再生には、秋田支社以外の人たちの力も不可欠であった。グループ会社、協力会社、さらには地元の自治体や企業が密に連携し、五能線の魅力を高め、伝えるための努力を続けたからこそ、「日本で一番乗りたい」といわれるローカル線になったのだ。

「奇跡のローカル線」はいかにして生まれたのか。そのインサイドストーリーをひもといていこう。

五能線物語 ● 目次

はじめに

第1章 五能線が五能線である理由

1 五能線の歴史

第2章

「リゾートしらかみ」誕生

3　「しらかみ3兄弟」デビュー

第3章　地域と共に

1　五能線沿線連絡協議会の立ち上げ

2 「観光メニュー」の開発

3 スローを楽しむ

第4章 AKITA Way

2 AKITA Wayとは何か

3 AKITA Wayの実践

4 秋田は「人」で勝負する

冬景色の中をゆく「青池」

第1章

五能線が五能線である理由

手紙

2006年2月9日、津軽地方は前夜からの雪が降り続いていた。始発の深浦《ふかうら》駅を早朝に発車した五能線青森行き下り列車は、雪の中を静かに走っていた。

線路の除雪作業のため、列車は1時間以上遅れていた。陸奥森田《むつもりた》駅を過ぎた頃から、雪と風がさらにひどくなり始めた。

そして、木造《きづくり》駅を出発した列車をひどい地吹雪が襲った。五所川原《ごしょがわら》駅に向かう途中で、列車はまったく先に進めなくなってしまった。

乗員2人、乗客109人が車内に閉じ込められた。

猛吹雪のため、復旧作業は難航した。昼間にもかかわらず、闇夜の中のような状況での懸命の作業だった。

日がとっぷりと暮れた午後6時25分、列車はようやく雪を脱出した。そして、運転を再開し、進行方向とは逆の木造駅にたどり着いた。

乗客は8時間半もの缶詰め状態から解放された。

翌日、地元メディアはこの一件を大きく報じた。中には、JRの大雪に対する対応の不備を非難する論調もあった。

それからほどなく、一通の手紙が地元の複数の新聞社、五所川原駅長宛てに届いた。立ち往生した列車に乗車していた乗客のひとりからの手紙だった。

私は昨年の春、定年退職し、現在は悠々自適な生活を送っている一閑人です。生まれ故郷の津軽をこの目に焼きつかせるため、今回二週間の旅に出ました。

2月7日、8日は深浦、鰺ケ沢《あじがさわ》周辺を散策、冬の味覚を堪能し、翌日、鰺ヶ沢7時半の快速に乗り、弘前に向かいました。

外の景色を見ていると、陸奥森田駅を過ぎた頃から天候が急変しました。地吹雪がひどくなってきたのです。とうとう木造駅を過ぎて間もなく列車は停まってしまいました。結果的に、新聞報道にある通り、8時間程度列車に缶詰めになったことになります。

ビックリしたのは翌日、弟の家で見た各社の新聞記事です。その内容に事

20×20

実と異なる記事があったのです。我々乗客を救済するため必死に頑張ったJR関係者があまりに可哀想と思い、私が見た事実をお知らせしたいと筆をとりました。

（中略）

30分ほどしてからでしょうか、三度目の放送がありました。内容は除雪作業員がこちらに向かっているとのことです。

風は停まった時より格段に強くなり、列車は不気味に揺れています。こんな所に人なんか来れるわけがない、雪上車でも来るのかなと思っていたところ、一時間ほどの後「何かが見える」との声が上がったので、前の方に駆け寄りました。

人らしい影が近寄ってきます。なんと視界ゼロに近い猛吹雪の中、3〜4人の人が歩いてきます。その姿は確か新田次郎の「八甲《はっこう》田山《ださん》死の行軍」の一場面を見るようでした。

（中略）

ピンク色の帽子を被った責任者らしき人が「俺たちが今やることは、お客さまを一分でも早く救済することだ。みんな、大変だども頑張るべ」。有無を言わせない指揮官らしい落ち着いた言葉を聞き、安堵感を覚えました。

（中略）

何気なく窓の外を見ると、猛吹雪の中、一生懸命除雪する作業員が見えました。殆どが高齢者のようでした。窓の氷を体温で解かし、良く見ると、ビックリしてしまいました。

なんと、そこにはスノーダンプを押す女性の姿があったのです。「カッチャ」です。「津軽のカッチャ」が男に混じって、我々を救出するため、男でも尻込みする猛吹雪の中、必死に除雪をしているのです。心の中に、「カッチャ頑張れ」「カッチャ有り難う」と呟く自分がいました。

（中略）

周りにいる作業員が急に見えなくなりました。風が少し弱くなったので周りの人に断り窓を開けてみました。窓から顔を半分出して下を見ると、なんと作業員の人達が列車を押す準備をしています。エンジンの音が高くなるのと同時にピンクの帽子の人が拳を突き上げ「押せ！」と号令をかけました。

寒風を突き刺す気迫に身震いがしました。微かに動いた感じがしました。高齢の作業員から「それー、ケッパレ」の叫びが上がりました。動きました。何十㎝かわかりませんが確かに動きました。作業員の顔が微笑んでいます。もう大丈夫だとの表情でした。もう夕暮れになっていました。

（中略）

脱出に成功した旨と間もなく発車することの放送がありました。そして、列車が動き出しました。

外にピンクの帽子の人が頭を下げ、見送る姿がありました。「申し訳ありませんでした」とでも言っている感じでした。

私は「有り難う」と手を振りました。つられたのか、回りの人も「ご苦労さま」と言い、手を振りました。

車内の雰囲気は東京とは全然違い、車掌に詰め寄る人はほとんど見かけませんでした。自然との共存を受け入れられる故郷・津軽のおおらかさを誇りに感じました。

以上、私が見、感じたことを断片的に書き留めてみました。

新聞社様、決して記事を訂正しろとは言いません。真実を知っていただければ幸いです。

五所川原駅長様、プロの鉄道人の魂を見せていただきました。春になったら、友人を連れて、また五能線を遊びに行きます。(原文ママ)

五能線メモ

冬の五能線は雪と風との闘いでもある。大雪や強風によって運休を余儀なくされることも少なくない。この手紙はその後、五所川原駅長から秋田支社長へと届けられた。支社で働く社員たちの多くがこの手紙を読み、涙した。

ちなみに、「カッチャ」とは津軽弁で「おかあさん」「母親」のこと。年配の女性一般を指すこともある。

1　五能線の歴史

五能線の生い立ち

ＪＲ東日本は現在69の路線（新幹線3、在来線66）を運行している。ＪＲ旅客6社のなかでも、その数は飛び抜けて多い。

ＪＲ東日本同様広域エリアをカバーしているＪＲ西日本でも52路線。ＪＲ東海はわずか12路線だ。

鉄道事業の規模を表す「旅客人キロ数」（輸送した人数×乗車した距離）は１２５０億人キロ。フランス国鉄（８６０億人キロ）、ドイツ鉄道（７７５億人キロ）を大きく上回り、世界一である【1】。

五能線はその中のひとつのローカル線にすぎない。

しかし、五能線は単なる69分の1ではない。五能線が五能線である理由が存在する。

五能線は秋田県・東能代《ひがしのしろ》駅と青森県・川部《かわべ》駅を結ぶ全長１４７・２㎞の単線、

非電化のローカル線だ。秋田から津軽に広がる北東北の風光明媚なエリアを走る列車として知られている。

その歴史は１９０８年（明治41年）まで遡る。当時の鉄道省が奥羽本線の支線として、能代（現在の東能代）～能代町（現在の能代）間で「能代線」として開業したのが、五能線の始まりである。

一方、青森側では、私鉄の陸奥鉄道が１９１８年（大正７年）に川部～五所川原間を「五所川原線」として開業した。その後、秋田側も青森側も路線を徐々に延長させていった。

そして、１９３６年７月30日、陸奥岩崎《むついわさき》～深浦間が開業し、東能代～川部間が全通した。五所川原線と能代線から一字ずつとり、「五能線」と命名された。五能線は２０１６年に全通80周年を迎える。

五能線は海岸線すれすれのところを走る。波打ち際に手が届きそうなほど、海が近い。よくこんなところに線路を敷設したものだと驚嘆するが、当然、その建設は難工事の連続だった。

日本海沿岸の軟弱地盤に加え、橋梁は90カ所、トンネルは20カ所を超える。五能線に一度でも乗れば、その建設工事がいかに大変なものだったかを体感することができるだろう。

五能線の駅数は、43（起点となる東能代、川部を含む）。通常の運行本数（普通列車）は上下各30本。一見すると、ローカル線にしては多いように見えるが、そのほとんどは一部区間の運行である。

全線を通しで走り切る各駅停車の普通列車は、わずか一本のみ。東能代〜弘前間を約5時間かけてトコトコと走る。

各駅停車に加えて、快速の「リゾートしらかみ」が1日3往復する。しかし、「リゾートしらかみ」は通年で走る「定期列車」ではないので、位置付けはあくまでも「臨時列車」である。

「その景色、圧巻！」

東能代と川部を結ぶ約１５０㎞の沿線には、いくつかの由緒ある町が点在し、五能線の旅を豊かなものにしてくれる。

深浦は江戸時代、北前船の「風待ち港」として大いに賑わった。鰺ヶ沢はかつて津軽藩の御用港として栄えた。そして、五所川原は80年ぶりに復活した「立佞武多《たちねぷた》」で盛り上がっている。歴史と文化に富む町を訪ねるのは、旅の一興だ。

絶景の海辺の露天風呂が有名な黄金崎不老ふ死温泉や30万年前の海水が温泉となってこんこんと湧き出る鰺ヶ沢温泉など、温泉好きにはたまらないスポットもある。

しかし、五能線が五能線たる最大の理由は、その雄大な自然にある。絶景ポイントがこれほど連続する鉄道を、私は五能線以外に知らない。

なかでも、五能線の最大の魅力は、80㎞にもおよぶ絶景の海岸線だ。しかも、その絶景スポットは１ヶ所や２ヶ所ではない。

奇岩が続く絶景が広がる岩館《いわだて》～大間越《おおまごし》間の木蓮寺《もくれんじ》海岸、岩礁のシルエットが美しい深浦～広戸《ひろと》間の行合崎《ゆきあいざき》海岸、「津軽藩の殿様が千畳の畳を敷いて宴会を開いた」という故事から名付けられた千畳敷《せんじょうじき》海岸など、絶景ポイントが次から次へと現れる。

千畳敷海岸にある「かぶと岩」は西洋の兜に似ていることから名付けられた。十二湖《じゅうにこ》駅と陸奥岩崎駅の間にある「ガンガラ穴」にはコウモリが生息し、夕焼けスポットとしても名高い。

単調な海岸線ではなく、変化に富む絶景が次々に現れるので、飽きるということがない。とりわけ、日本海に沈む夕日を見れば、誰もが歓声を上げる。五能線パンフレットに躍る言葉どおり、まさに「その景色、圧巻！」である。

海と山のコラボレーション

五能線は山好きにもたまらない。秋田から五能線に乗車すると、左手に海を眺め、右手に白神山地を望む。白神山地は1993年12月、屋久島とともに、日本最初の世界自然遺産に登録された。

青森県西南部から秋田県北西部にまたがるおよそ169・7㎢の地域にブナの原生林が広がる。ブナは豊かな土壌にしか根付かない。

白神山地にブナ林が広がり始めたのは約8000年前、縄文時代の頃だ。東北の縄文文化はブナ林の豊かな恵みによって育まれていった。

白神山地一帯には、ブナの他500種以上の植物が生育し、2000種を超える昆虫類が棲み、多様な哺乳類、鳥類が生息する。絶滅が懸念されている国の天然記念物であるイヌワシや本州では貴重なクマゲラ、ニホンカモシカ、ニホンツキノワグマなどが今も生息している。

白神山地はトレッキングコースとしても人気が高い。今から300年以上前の江戸時代、大地震によって川が堰《せ》き止められてできたといわれる十二湖など見どころも多い。

鰺ヶ沢を過ぎると内陸へと進路を変え、津軽平野の中央部を横断する。津軽富士と呼ばれる岩木山の堂々とした姿がそびえ立つ。標高１６２５ｍの青森県の最高峰だ。岩木山の裾野に広がるりんご畑のなかを、五能線は進んでいく。陸奥鶴田《むつつるだ》には日本一の三連太鼓橋として知られている「鶴の舞橋」がある。鶴田町は丹頂鶴《たんちょうづる》ゆかりの町としても知られている。

海と山のコラボレーション。これほど多様な見どころが沿線にちりばめられているローカル線は、五能線をおいて他にはない。

厳しい自然との共生

美しい自然と共生する五能線だが、北東北の自然は半端ではないほど厳しい。そして、時に恐ろしいほどの牙《きば》をむく。

厳しい自然環境の中で、いかに安全・安定運輸を確保するかが、秋田支社にとっての悩ましい課題である。

秋田から津軽にかけては、雪に風が加わる激しい吹雪が吹き荒れる地域である。単に雪が多いだけではない。そこにとてつもない強風が加わる。

日本海からの強風は地べたを這うように陸地に押し寄せ、雪を下から巻き上げる。雪と風が一体となり、猛烈な地吹雪となって、鉄道を襲う。
一瞬のうちにホワイトアウトとなり、一寸先がまったく見えない状態に陥る。取材中に、私もホワイトアウトを体験した。瞬く間に周りが真っ白になり、1m先も見えなくなった。これほど厳しい自然と折り合いをつけながら、鉄道を運行する厳しさを体感した。
本章の冒頭で紹介した猛吹雪による列車立ち往生のエピソードは、五能線がいかに厳しい自然環境の中で運行しているのかを生々しく伝える。当時、現場では津軽地区センター所長の長内鋼毅、五所川原駅助役の工藤哲夫らが復旧の陣頭指揮をとった。長内は当時の状況をこう振り返る。

「あの冬は12月から降り続いた未曾有の豪雪（平成18年豪雪）の対応に追われ、現場は肉体的にも精神的にも極限状態の中での復旧作業だった。そんな中でいただいたお手紙は大きな励ましとなり、心の支えとなった」

怖いのは大雪だけではない。強風によって猛《たけ》り狂う日本海の荒波が、五能線の

大雪の中、除雪作業を行う現場の人々

線路を襲う。その時、列車が走っていれば、ひとたまりもない。波打ち際を走る五能線ならではのリスクである。

五能線沿線の絶景写真を収録した『ザ・五能線』では、ベテラン保線《ほせん》区員の声が紹介されている。「五能線はタマ風だ。一種の竜巻みたい。二枚波というのだろうか。おっかねえ！」

雨も怖い。地盤の弱いところでは、土砂崩れ、盛土崩壊、落石などの危険にいつも晒されている。

風光明媚、絶景という背後には、とても大きなリスクや危険が潜んでいる。

安全輸送という使命

実際、五能線は過去に大きな事故を経験している。1972年12月2日朝6時頃、広戸駅～追良瀬《おいらせ》駅間を運行中の列車が、脱線転覆した。先頭の機関車は日本海に転落し、1両目の客車も海に突っ込んだ。これによって、機関士が死亡、乗客ら2名がけがをした。

原因は高波によって、道床と路盤が流され、線路が宙吊り状態になっていたことだった。それに気づかず、列車は宙吊りの線路に突っ込んでいったのだ。

この事故以降、五能線の波打ち際を走る箇所に、波量を計測して運転規制を行う「越波計《えっぱけい》」と、越波により道床が流されていないかどうか等、列車運行の可否を判断する「越波警備用カメラ」が設置された。また、8ヶ所の「特に風の強い区間」が特定され、数多くの風速計が設置されている。

風規制の件数は、2012年65件、2013年56件、2014年54件と、他の路線と比べると格段に多い。件数的にはやはり冬が多いが、春や秋にも風規制は発生している。

越波による運転規制は２０１２年13件、２０１３年11件、２０１４年6件発生している。季節的には西風が強い10月から12月にかけて集中している。

１９８３年にはマグニチュード７・７の日本海中部地震が発生した。秋田市、深浦町では震度5を観測した。

この地震の影響で、五能線は21日間不通となり、秋田鉄道管理局（当時）の被害総額は20億円以上に上った。復旧を逡巡するほどの甚大な被害であり、五能線最大の危機だった。これを機に、五能線の地盤強化が行われた。

観光客にとっては、絶景を楽しむ五能線だが、秋田支社にとっては安全確保のために常に気を抜くことができない路線でもある。そこにも五能線が五能線である理由が存在する。

2 観光路線転換の模索

いかに存続させるか

1987年4月1日、国鉄が分割民営化され、6つの地域別旅客鉄道会社と1つの貨物鉄道会社が誕生した。

JR東日本は青森県から静岡県の一部まで、本州の東半分を営業区域とする会社として設立された。当時の営業キロ数は7538・1kmで、JR旅客6社のなかで最長である（現在は7458・2km）。

国鉄が経営破たんした要因のひとつが、地方の赤字路線の問題だった。地方では過疎化、高齢化が進み、人口流出による人口減少が止まらない。また、自動車の普及による車社会の到来で、鉄道利用者そのものが大きく減少している。効率化やコストダウンを進めてきたが、それでも追いつかず、大きな赤字を引きずるローカル線に、抜本的にメスを入れなければならない状況を迎えていた。

国鉄再建法に基づく方針により、輸送密度が著しく低い「特定地方交通線」については、第三セクター移管やバス転換が進められた。ＪＲ東日本の管内でも、国鉄末期以降17の路線の第三セクター移管もしくはバス転換が行われた。

五能線はかろうじて特定地方交通線への指定を免れ、「維持存続路線」となった。しかし、地元では路線廃止もあるのではという危機感が燻《くすぶ》っていた。実際、五能線の輸送人キロは、１９８２年は９７８００千人キロだったが、１９８７年は７５５３５千人キロにまで落ち込んだ。わずか5年間で23％も減少した。

しかも、日本海沿岸では風害や塩害、内陸部では豪雪に泣かされ、設備の保守にかかるコストも半端ではない。民営化したＪＲ東日本にとって、五能線の経営状況をそのまま放置するわけにはいかない。

五能線を存続させるために、どうすればよいのか。最初に取り組んだのが、徹底的な効率化だった。存続させるために、コストをぎりぎりまで切り詰める。ありとあらゆる方策、手段を考え、実行した。

列車の編成両数の削減、ワンマン運転化、駅の無人化など、これまでの考え方を抜本的に変えて、効率的な運営を模索した。その根底には、「五能線をなんとしてでも存続させなくてはならない」という思いがあった。

お前たちに求めているのは、こんなことじゃない

こうした懸命の努力は、一定の経営改善効果をもたらした。しかし、利用者数の減少を食い止めることはできず、依然大きな赤字を抱えたままであるのも現実だった。

厳しい状況を打開するために、当時の秋田支社長だった長岡弘が動いた。若手メンバーを選抜し、支社長直轄のプロジェクトチームを発足させたのだ。営業、運転、設備など各系統から30歳台のメンバーを選び、五能線の活性化案を検討させた。

プロジェクト名は「ニューフロンティア5」。「5」は五能線を指している。長岡は若手ならではのフレッシュで斬新な発想、アイデアを期待していた。

しかし、数ヶ月後に出てきた案は、要員削減などさらなる合理化を中心とした前例踏襲のプランだった。プロジェクトチームから説明を受けた長岡は、メンバーたちにこう活《かつ》を入れた。

「こんなことだったら、人事課に任せればよい。お前たちに求めているのは、こ

んなことじゃない！」

長岡がチームに期待していたのは、系統の壁を越えた新たな発想や視点だった。

鉄道会社の組織は系統別の縦割りだ。「設備」部門だけを見ても、保線、土木、建築、機械、電力、信号通信などそれぞれの専門家集団が並列している。車両の保守を担当する「車両」、乗務員や列車ダイヤを所管する「運転」、駅の管理や販売促進を担当する「営業」はそれぞれ別の系統だ。

社内では、「保線屋」「機械屋」「車両屋」などの符丁で呼ばれる。「魚屋」や「八百屋」と同じ感覚だ。

鉄道という巨大なシステムを運営するためには、縦割り型の組織で責任領域を明確にし、数多くの社員が決められた仕事を確実に行うことが求められる。

また、それぞれの系統の専門性を究め、プロフェッショナル集団となるためには、縦割りによる技術継承、人材育成はとても大事だ。

しかし、その弊害もある。自分の系統の利害ばかりに固執し、他の系統のことに目が向かず、部分最適の発想に陥ってしまうことがある。全体最適の視点や発想が弱くなりがちだ。

これまでの系統という枠を越えた新たな取り組みをしなければ、五能線の再生はないと長岡は考えていた。そして、プロジェクトチームにこう指示した。

「営業、運転、設備。この3つが重なっているところを考えろ」

「この絶景を活かす道があるはずだ……」

プロジェクトメンバーとして選ばれていた三ツ谷勉、加藤浩らは頭を抱えた。深刻な過疎化、高齢化が進む沿線エリア。押し寄せる車社会。そして、大赤字を抱えるローカル線。どう考えても、好転する要素が見当たらない。

煮詰まったメンバーたちは、気分転換を兼ねて白神山地に登った。原点に立ち返って、五能線の存在そのものを改めて見つめ直してみようと思い立ったのだ。

山頂からは、雄大なパノラマが広がっていた。思わず「きれいだな～」という声が出た。

地元出身者にとっては当たり前の景色だと思っていたが、改めてこの絶景を目の前にして、メンバーたちはこの素晴らしい自然を活かす道があるはずだと思い始めていた。三ツ谷はこう振り返る。

「確証があったわけではない。でも、この絶景を活かして観光路線としてやっていくべきだと思うようになっていった」

五能線は開業以来、沿線地域の輸送を担い、地元の人たちの「足」として活躍してきた。まさに生活路線として、地元の人たちに利用され、愛されてきた。

五能線では、開業当初から「ハチロク」（８６２０形式）と呼ばれるＳＬが貨車と客車を一緒に牽引する「混合列車」が走っていた。各駅で貨物の上げ下ろしを行い、客車にはダルマストーブが設置されていた。

秋田民謡「秋田音頭」で知られる八森のハタハタは、当時、五能線で運ばれていた。大きな柳行李《やなぎごうり》を背負った行商のおばさんたちも五能線を利用した。県境の町、村では青森なまりと秋田弁が入り混じるのも、五能線独特の風情だった。

しかし、モータリゼーションの波は一気に押し寄せ、やがて「混合列車」は全国から姿を消していった。最後まで残っていた五能線の「混合列車」も１９８４年２月に廃止された。

過疎化の進展など人口が減少するなかで、「地域住民の足」、すなわち生活路線として維持・存続させていくことはとても厳しい状況にあった。

ならば、この雄大な自然を武器に、外からお客さまに来ていただく道を模索することはできないか。そうした思いがメンバーたちの心の底から沸々と湧き上がってきた。

五能線を残すためには、身を削って合理化、効率化するしかないと考えていた。でも、生活路線だけではなく、観光路線という新たな道があるのではないかと思い始めたのだ。

もちろん、それが簡単ではないこともよくわかっている。しかし、五能線はなんとしてでも存続させなくてはならない。どんな難題があっても、系統を超えて力を合わせれば、乗り越えることができるはずだ。

五能線の再生はこの道しかない。メンバーたちの気持ちは固まった。

3　誰も五能線を知らない

変身するための高いハードル

生活路線から観光路線への転換。プロジェクトチームの提言は、秋田支社内で繰り返し議論された。１９８８年当時の秋田支社の社内資料には、こう記されている。

「五能線の線区経営状況は極めて悪く、したがって、徹底した効率化施策を展開しなければならない。（中略）今後も徹底したコストダウンを図ることとしているが、それのみにより線区経営が一気に改善されるとは考えられない」

合理化、効率化だけでは、五能線の未来はないことはみんなわかっていた。しかし、観光路線としてやっていけるかといわれれば、否定的な意見も多かった。

「わざわざ五能線に乗りに来る人間なんていない」

「こんな寂れたところに人が来るはずがない」

長期間にわたる低迷で、誰もが自信を失っていた。

そうしたなかで、沿線活性化に向けた新たな動きも出始めていた。1987年にリゾート産業の振興と国民が多様な余暇活動を楽しめる場を整備することを目的としたリゾート法が施行され、沿線の市町村が、観光客誘致のためにさまざまなプロジェクトを計画していた。

岩崎村の「十二湖リゾート構想」や「サンタクローススピリット計画」、深浦町の「海岸温泉計画」、鰺ヶ沢町の「長平《ながだい》リゾート開発」など、それぞれの自治体が地元活性化のために、さまざまな案を練っていた。

そうした施策と連動させることによって、五能線沿線全体の底上げができるのではという意見も出始めた。

しかし、こうした自治体の施策と五能線を結びつけ、観光客に来てもらうためには、高いハードルがあることも感じていた。そもそもその当時、世間的には五能線はまったく知られていなかったのである。当時の社内資料ではこう記されている。

「観光地として五能線を大々的に売り込むための条件は未だ不十分であるが、中長期的観点から展望した場合のそれはけっして他に引けを取る状況にはない。（中略）しかし、旅行行程上から見た場合、五能線の地理的条件は非常に悪く、その知名度も他支社・他支店エリアでは殆どないにひとしい状況にある」

いくら五能線沿線に素晴らしい自然があっても、それが世の中でまったく知られていなくては、価値がないのと一緒である。五能線が観光路線に変身するためには、いかに五能線を全国の人たちに知ってもらうかが最大の課題だった。

五能線営業所の設置

こうした状況の中で、1989年12月に設置されたのが「五能線営業所」だった。五能線を観光路線として位置付け、利用者を拡大させるために、五能線を「独立」させ、線区の保守管理と営業活動を一体的に運営するための組織である。

ひとつの路線を「商品」として切り出し、営業と設備をひとつにし、徹底的に効率化を図るとともに、路線価値を高めるために融合するというのは前例のない画期的な取り組みだった。五能線営業所初代総務科長だった浅利久雄はこう述懐する。

「鉄道会社というのは系統色がとても強い。それぞれの系統が縦割りとなり、横の連携がスムーズに進みにくい。五能線営業所は鉄道会社の本質的課題への挑戦だった」

責任領域を明確にし、専門集団が決められた仕事を確実に遂行するという点では、系統別組織に意味はある。しかし、五能線のような赤字路線を立て直すためには、それぞれの系統がバラバラに動いたのでは非効率であり、大きな成果には結びつかない。

五能線を観光路線として再生させるためには、系統の壁を越えて一丸となって取り組むチームの存在が不可欠だった。効率的な運営に加えて、五能線の「コンテンツ」としての魅力を高め、効果的にアピールし、認知度を高めるための検討が進み始めた。

観光PRに沿線一体で取り組む

五能線営業所の設置と共に秋田支社が力を入れたのが、五能線沿線の自治体と一体となって観光誘客に取り組むことだった。

五能線は数多くの市町村にまたがる路線である。その沿線距離は約１５０㎞にも及び、当時、その沿線には13もの自治体が存在した（秋田県の能代市、峰浜《みねはま》村《むら》、八森町《はちもりまち》、青森県の岩崎村《いわさきむら》、深浦町、鰺ヶ沢町、森田村、木造町、鶴田町、五所川原市、板柳町《いたやなぎまち》、藤崎町《ふじさきまち》、田舎館村《いなかだてむら》。その後の市町村合併によって、岩崎村と深浦町は「深浦町」へ、森田村と木造町は他３村と「つがる市」へ、峰浜村と八森町は「八峰町」へと移行し、現在は10市町村）。

それぞれの自治体は我が町、我が村をアピールし、観光客を誘致しようと独自のＰＲ活動を行っていた。しかし、その動きはバラバラであり、沿線全体の魅力を伝え切れているとは言い難い状況だった。

そこで、秋田支社は沿線の自治体に声を掛け、沿線の自治体が一体となってＰＲ活動を進めるための母体として「五能線沿線連絡協議会」を結成した。五能線営業所が立ち上がった翌月の１９９０年1月のことだった。

協議会では、まず沿線にどのような観光資源があるのかを確認する作業から始めた。当時、隣町にどんな観光資源があるのかすらお互いに知らないような状況だったのだ。

そうした観光資源をお互いに認識し、ひとつにまとめ、五能線沿線の魅力をトータルでアピールするためのパンフレットを作成するなどの地道な活動がスタートした。

その取り組みの歴史については、第3章で詳述するが、当初は苦戦を強いられた。それぞれが独立した存在である自治体が、五能線沿線の「広域観光」に共同で取り組むにはいくつものハードルを乗り越えなければならなかった。

今では、協議会が音頭を取り、新たな観光資源の掘り起こしや魅力的な「観光メニュー」の開発に取り組んでいる。観光路線としての五能線を推進する中核として、重要な機能を担っている。

4 「ノスタルジックビュートレイン」の運行開始

「眺望列車」の投入

秋田支社は五能線の魅力を大きくＰＲするためには、「話題性」が重要だと考えていた。五能線沿線の魅力を地道に伝える努力だけでは、現状を打開するのは難しい。全国の注目が一気に集まるインパクトある話題を提供することが不可欠だと感じていた。

そこで出てきたアイデアが、観光列車の投入だ。通常の列車とは異なる観光目的の特別列車を仕立て、全国的にアピールしようと考えたのだ。「五能線というところに面白い列車が走っているよ」という話題をつくり、五能線を全国的に知らしめようとする計画だ。

観光列車の具体案として浮上したのが、「眺望列車」だった。せっかく五能線に足を運んでもらっても、通常の普通列車のままでは、沿線の絶景を楽しむには限界がある。

五能線沿線の数々の絶景を満喫してもらうためには、眺めのよい特別車両を造り、走らせたい。ゆったりとしたスペースで、窓も飛び切り大きくした「眺望列車」が、話題づくりの目玉として浮上した。

しかし、実現に向けては本社の了解を得る必要がある。「眺望列車」の推進役のひとり、秋田支社車両課係長だった佐藤正人は当時の苦労をこう語る。

「本社からは赤字路線に設備投資なんてとんでもない、それより、効率化はどうなったんだとさんざん聞かれた。本社の言い分ももっともだった。スリム化の施策を着実に進めることで、ようやく理解を得た」

ここで諦めていたら、現在の五能線人気はなかっただろう。まさに五能線復活の最初の大きな関門だった。

古い客車を改造

本社の了解を得たとはいえ、「眺望列車」をゼロから企画、設計、製作するだけの資金も時間もない。そこで出てきたのが既存の車両を「改造」する案だっ

レトロな雰囲気の「ノスタルジックビュートレイン」

展望デッキ

た。

五能線は非電化路線である。走っているのは、「気動車」と呼ばれるディーゼルカーだ。運転に必要な動力源としてディーゼルエンジンを搭載して自走する車両である。

他線区を走っていた使い古された50系客車を「種車《たねぐるま》」として使い、「眺望列車」へと変身させる。そして、牽引するDE10型ディーゼル機関車と組み合わせれば、必要な投資も工期も抑えることができる。

幸い、秋田支社の土崎《つちざき》工場（現秋田総合車両センター）には、技術、技能に長けたモノづくり集団がいる。土崎工場は1908年に帝国鉄道庁土崎鉄工場として発足し、かつては日本におけるSL製造の主力工場だったほどの高い技術力を持っている。【2】彼らの力を活用すれば、改造列車を造ることは十分に可能だ。

土崎工場で検討された手書きの社内資料が残っている。「車両改造の基本的な考え方」と題された項目には、次に挙げる5つの方向性が示されている。

(1)五能線のセールスポイントである海、夕日、風といった景観用眺望車両を改造する。

(2)「日本海沿岸」の眺望に供する車両とするため、片側のみ改造対象とする。
(3)保留車の有効活用を図る。
(4)50系客車列車に連結可能とする。
(5)夏は観光を目玉にした新型定期列車とし、冬は生活列車とした二枚ダイヤを設定する。

方向性は定まったものの、支社内にはまだまだ否定的な声も多かった。「わざわざ手間暇かけて造っても、本当に観光客は来るの?」といった懐疑的な意見も根強かった。

1両当たりの改造には数千万円程度かかると試算されていた。地方ローカル線への投資としては大きな金額だった。

新しい車両を造るとなれば、その何倍ものお金がかかる。確かに改造の方が割安だが、そもそも大赤字路線の五能線にそれだけの投資をするべきなのか。否定的な声があるのも無理からぬことだった。

あとは、なんとしてでも実績をつくり、観光路線への転換が正しい選択であったことを証明するしかない。退路を断った取り組みが始まった。

コンセプトは「大正ロマン」

「眺望列車」のコンセプトは、レトロ感たっぷりの「大正ロマン」で決まった。五能線に最も馴染みのない都市圏の若い女性を狙うというコンセプトだった。

列車名は一般公募によって決まった。全国から寄せられた４４２８通の中から愛称名は「ノスタルジックビュートレイン」と命名された。

「女学生が文庫本を片手に旅をする」雰囲気を醸し出すために、車両にはさまざまな工夫が施された。

車両の塗装は、窓上部がオレンジイエロー、下部がエクセルブラウン（こげ茶）の配色とした。室内も重厚感を出すために、こげ茶を主体とした。

最大の売りである絶景を楽しんでもらうために、従来の50系客車の約2倍の大きさの窓を取り付けた。秋田支社の社員でさえ思わず「デカい！」と驚くほどの大きさになった。

安全性を考慮し、厚さ16㎜の複層ガラスを使用した。この窓なら、遮るものなく、絶景を楽しむことができる。

「眺望列車」がすし詰めでは話にならない。ゆったりとしたスペースを確保するために、座席数はわずか43に抑えた。

さらに、列車の前位には海や風、夕日などを体感できるように、オープン眺望デッキを設けた。動く列車の中で、外に出て、雄大な自然を感じることができる。これはＪＲ東日本では初の試みだった。

「眺望列車」の改造に携わった土崎工場車両技術係の佐藤東一はこう述懐する。

「コンセプトであるノスタルジックなイメージを演出するために、日本一大きな窓、木材の温かみが感じられる椅子、広いシートピッチ、展望デッキの鐘などにこだわった」

しかし、その実現の過程では様々なアクシデントに見舞われた。佐藤の同僚だった明珍彰はこう振り返る。

「期日に間に合わせるため、休みも返上で取り組んだ。完成間近にカーテンの取り付け違いが判明した時は、夜間に総動員で付け替え作業を行った。オープンデッキは安全性について運輸局から何度か指摘があり、問題点をひとつずつクリアしていった。改造を終えた列車を見送った時は、我が子の旅立ちの姿と重なり、涙腺が緩んだ」

こうしてこだわりの「眺望列車」が完成した。「ノスタルジックビュートレイン」は異例の「落成パーティ」を行った後、巣立っていった。

観光路線・五能線のはじまり

待望の眺望列車「ノスタルジックビュートレイン」は、1990年4月21日に運転を開始した。

沿線の主要駅である東能代、深浦、五所川原、弘前の各駅では、市町村関係者らが出席し、出発式や歓迎セレモニーが行われた。地元の小学生たちによるブラスバンド演奏や郷土芸能も披露され、眺望列車のデビューを祝った。

レトロ感をアピールするために、「ミスJRアッキー」が矢がすりの着物にハカマ姿で登場し、記念品を配ったり、記念写真を撮るなどして、花を添えた。

車内イベントの企画にも工夫を凝らした。たとえば、「ノスタルジックビュートレイン」を使ったワイン列車「赤～い列車」を走らせた。

沿線の五所川原市特産の世界でも珍しい「実の中まで赤い」りんごを使って話題になった「赤～いりんごワイン」とタイアップし、観光客にふるまった。日本海に沈む真っ赤な夕日を眺めながら、車内で楽しんでもらおうという意図だった。

こうした取り組みは、さまざまなメディアでも取り上げられ、話題になった。「ノスタルジックな片想い」というキャンペーンテーマを掲げ、郷愁を誘うポスターを首都圏の駅を中心に貼り、プロモーションに努めた。

それでも「本当に観光客は来るのか？」と訝《いぶか》しむ声は小さくなかった。一過性の話題で終わってしまうのではと危惧する声もあった。

しかし、地道な販促活動が功を奏し、これまでにない列車の旅が楽しめると少しずつ認知が広がり、「ノスタルジックビュートレイン」目当ての観光客がじわじわと増えていった。

首都圏からの観光客はまだまだ少なく、仙台など東北地方からの観光客が中心だった。しかし、それは地元の人たちしか利用しないこれまでの状況から比べれば、間違いなく大きな一歩だった。

「ノスタルジックビュートレイン」は、真のターゲットである首都圏市場を掘り起こし、五能線を「全国区」にするための序章の始まりだった。

海岸線を走る「くまげら」

第2章 「リゾートしらかみ」誕生

蜃気楼

秋田支社販売促進課のメンバーたちは、頭を抱え、困り果てていた。

五能線の知名度を高めるために、さまざまな観光メニューの検討が進められていた。なかでも、白神山地の西側に位置する十二湖は高い人気を誇り、十二湖駅で下車する観光客はとても多かった。

十二湖は江戸時代の大地震によって誕生した33の湖沼群の総称だ。青いインクを流したような青池《あおいけ》など、神秘的な景観が広がる。観光客にとっては外せない人気スポットだ。

しかし、そこには落とし穴があった。十二湖駅で下車した観光客が、観光を楽しんだ後に乗って移動できる列車がないのである。

当時、「リゾートしらかみ」は一編成しか走っていなかった。何本もの列車が運行されていれば、次の列車に乗ればいいが、列車の本数が限られている五能線ではそういうわけにはいかない。

窮余の策として、秋田支社は岩崎村（現深浦町）に協力を要請し、十二湖から深浦駅まで観光客を送るバスを手配した。しかし、財政難に苦しむ自治体にとってバス代の負担はけっして小さくなく、恒久的な対策にはなり得なかった。

せっかく観光列車として知名度を高めるための取り組みが始まったのに、運行ダイヤが大きなボトルネックになってしまった。

当時の秋田支社長だった上野文雄の判断で、1年間は支社でバス代を負担することになったが、「その先どうするか知恵を出せ」と販売促進課長の阿部盛好に厳命がくだった。

沿線観光を楽しんでもらおうにも、「足」を確保しないことには前に進まない。販売促進課全員で知恵を絞ったが、なかなか妙案は浮かんでこなかった。

しかし、人間切羽詰まると、思いもよらぬ発想にたどり着く。阿部と係長の佐藤一雄がとんでもないことを言い出したのだ。

「波が返すように、列車を引き返すことはできないか？　列車間隔がこんなに空いているのだから、バスのように迎えに来ることができるはずだ」

二人は日本海の「寄せては返す波」を見て、列車を引き返すというアイデアを思いついたのだ。

20×20

十二湖駅で観光客を降ろした列車はそのまま走り、深浦駅で1時間40分ほど停車する。その列車を岩館駅まで約40km「逆戻り」させ、観光を終えたお客さまを再度乗せることができれば、バスの手配は不要だし、お客さまも鉄道の旅を楽しむことができる。

理屈で考えれば、確かにそれは可能だ。バスなどの他の交通手段では、よく行われていることだ。しかし、この奇策は鉄道の常識ではありえない考え方だった。案の定、社内の会議で提案してみたものの、否定的な意見が次々に出た。

「列車は同じ方向に走るものと決まっている。列車が引き返すなんてありえない」

「ダイヤに載っていない列車を走らせることなんてできない」

それまでの常識から見れば、明らかに常軌を逸脱した提案だった。

それでも、販売促進課のメンバーたちは、渋る輸送課を粘り強く説得し続けた。五能線を盛り上げるために、必死だった。

そして、メンバーたちの熱意が、それまでの鉄道の常識を覆した。列車が「引き返す」という前代未聞の施策の実施が決まった。

具体的には、観光客には十二湖駅、ウェスパ椿山《つばきやま》駅、深浦駅の好きな駅で下車し、観光を楽しんでいただく。

いったん深浦駅まで向かった列車は、岩館駅まで回送列車として引き返す。そして、再度各駅に停車し、観光を楽しんだお客さまに再びご乗車いただくという段取りだった。

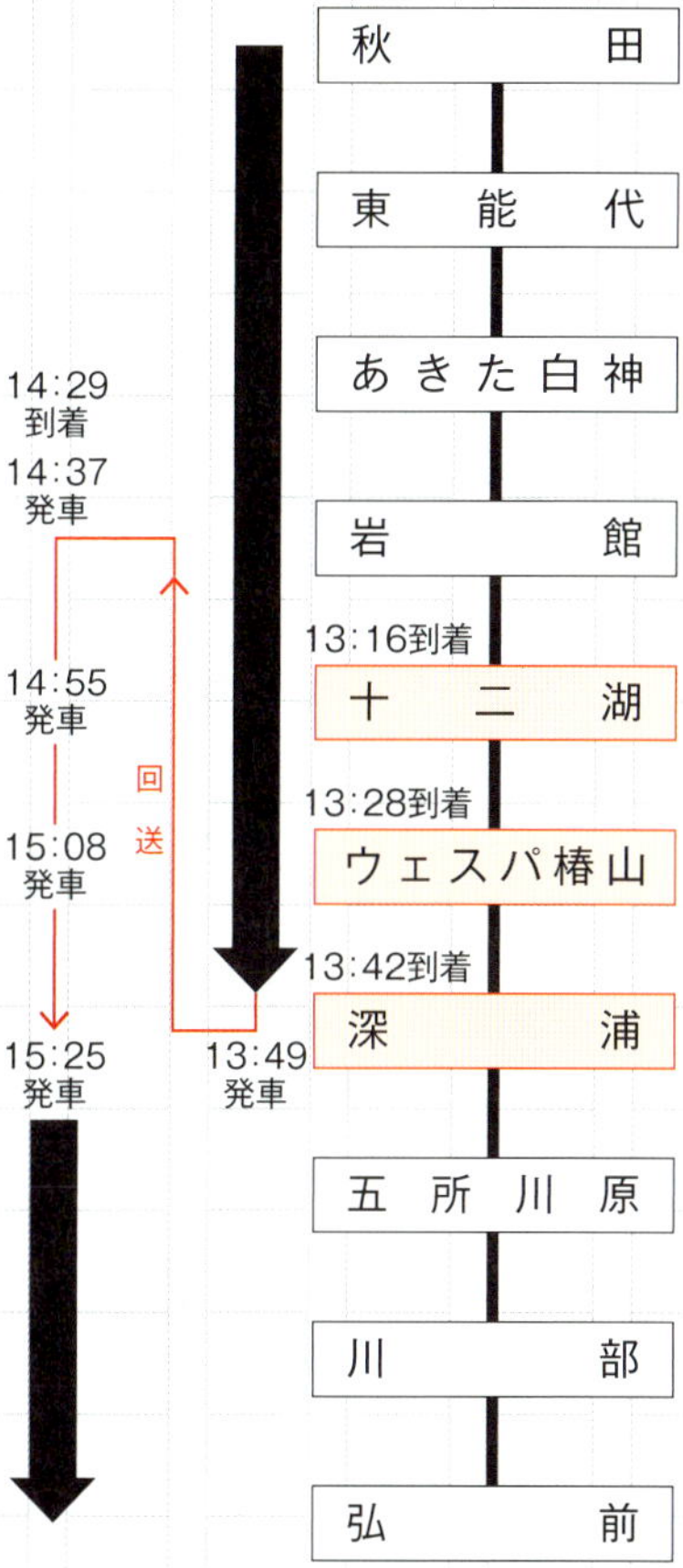

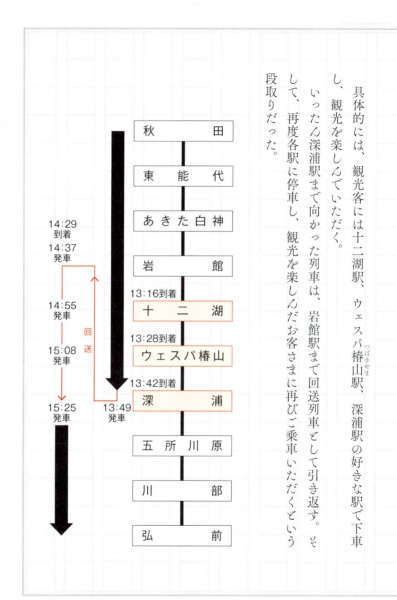

「前に進んだ列車が引き返す」というおそらく鉄道史上初の試みが、1999年4月1日から実施された。

当時、輸送課で前例のないダイヤを作成した高橋吉之は、こう振り返る。

「五能線は列車の行き違い設備が少なく、閉そく区間が長いため、『リゾートしらかみ』と通勤・通学のための列車を両立させるのは容易なことではない。何十枚も列車ダイヤを作成し、ようやく常識破りのダイヤが完成した」[3]

現場が悩みに悩み抜き、窮余の策として取り組み始めたこの施策は、やがて大きな話題となっていった。

実は、深浦駅から岩館駅まで引き返す列車は、時刻表には載っていない。時刻表上は、列車は深浦駅に停車していることになっている。

走り去ったはずの列車が、いつの間にか再び同じ駅に現れる。いるはずのない、過ぎていった列車に、また同じ駅から乗る不思議。

蜃気楼のような「幻の列車」に乗っていると、大きな話題になったのだ。そして、いつしか「蜃気楼《しんきろう》ダイヤ」と呼ばれるようになった。

トラベルミステリー作家として人気の高い西村京太郎が、この「蜃気楼」に目をつけた。「蜃気楼ダイヤ」をトリックとして使った推理小説『五能線の女』を出版した。この小説は、その後テレビドラマ化され、人気を博した。そして、五能線というローカル線の知名度は一気に高まった。

その後、五能線人気の高まりと共に、「リゾートしらかみ」の編成が増え、列車が「引き返す」必要がなくなった。観光客や鉄道ファンに親しまれてきた「蜃気楼ダイヤ」は、2005年11月30日、惜しまれつつ終了の日を迎えた。秋田支社はお別れイベントを実施した。列車には「さよなら蜃気楼ダイヤ」のヘッドマークが掲げられ、「幻の列車」を惜しむ観光客や鉄道ファンが押し寄せた。

五能線メモ

前に進んだ列車が引き返すというのは鉄道会社にとっては前代未聞である。引き返す際には、「回送列車」扱いとしたが、その「回送列車」に乗客が乗っていることも前代未聞であった。それほど「蜃気楼ダイヤ」は鉄道の常識を超えた奇策だった。「蜃気楼ダイヤ」を惜しむ声は今でも多い。

20×20

1 新しい旅の提案

秋田新幹線開業

五能線が大きく飛躍するまたとないチャンスが訪れた。秋田新幹線の開業である。

新幹線が盛岡から秋田まで在来線に乗り入れる新在直通のミニ新幹線方式によって秋田新幹線が開業した。これによって東京と秋田が「こまち」で直接結ばれ、首都圏からの利便性が一気に高まった。

1997年3月の秋田新幹線開業に合わせて、秋田支社は「ノスタルジックビュートレイン」に代わる新たな観光列車の投入を決定した。それが「リゾートしらかみ」である。

新幹線で秋田に来ていただいた観光客が、秋田市内や新幹線沿線だけに留まっていたのではあまりにももったいない。五能線にも乗車してもらい、沿線の雄大な自然や北東北の文化や歴史を大いに楽しんでもらおうというのが秋田支社の狙いだった。

新幹線という「大動脈」と五能線という「静脈」がつながることによって、血液が循環し、地域の活性化にもつながる。秋田支社だけでなく、過疎化に苦しむ地元の市町村にとっても絶好のチャンスだった。

列車の旅と沿線の観光資源をセットにし、新しい旅の提案をしよう。秋田支社はこのチャンスを逃すまいとさまざまな検討を始めた。

絶景を愉しむ「クルージングトレイン」

「静脈」へと誘導するためには、より魅力的な観光列車を走らせる必要があった。1990年から運行を始めた「ノスタルジックビュートレイン」は、観光列車のパイオニアとして大きな貢献をしてくれた。

しかし、運行開始から7年が経過し、話題性も低下した。「ノスタルジックビュートレイン」に代わる新たな車両を投入し、再度インパクトある話題をつくることが不可欠だった。

新たな観光列車のコンセプトを打ち出したのは、当時秋田支社長だった志村謙一だ。志村は秋田支社着任前、ニューヨーク事務所長としてアメリカで勤務していた。そこでアメリカの鉄道がいかに生き残ろうとしているのかを間近で見ていた。志村はこう振り返る。

「新幹線などの都市間輸送と山手線などの都市圏輸送こそが鉄道の生きる道だと誰もが信じていた。しかし、多くのローカル鉄道を抱える秋田支社は、その他の鉄道が生き残る道を考えなくてはいけなかった。ニューヨーク在勤中、アメリカやカナダの大陸横断鉄道によく乗った。ジャスパーなどの観光地に着くと、乗客は三々五々街に繰り出し、食事をとったり、街を観光して、発車時刻になるとまた列車に戻ってくる。とうの昔に輸送機関としての使命を終えたアメリカの鉄道のあり方は大きなヒントになった」

志村が打ち出した新たな観光列車のコンセプトは「クルージングトレイン(Cruising Train)」。日本海の絶景を楽しむことができる五能線を、大海原を航行する「クルージング」に見立てた。豪華客船のような優雅さと快適性を兼ね備えた車両をイメージした。志村はそのコンセプトについてこう語る。

「早く着くことばかりが鉄道の機能ではない、できるだけ長い時間乗っていただくのもサービスのひとつだと考えた。だから、『リゾート』とか『クルージング』というネーミングにした。こだわったのは、窓を今までにないほど大きくすること、そしてオープン型座席の車両と半個室型の車両を組み合わせることだった」

新たな観光列車も、「ノスタルジックビュートレイン」同様、土崎工場が主体となって車両改造を行った。「種車《たねぐるま》」は気動車キハ48形。評判の高かった「ノスタルジックビュートレイン」を超えるサプライズが求められていた。

最前部の1号車と最後部の4号車にはラウンジを設置し、前面ガラス1枚の大窓とした。座席の側窓も可能な限り大きくし、眺望視界を拡大させた。

座席は2人掛けのゆったりとした回転リクライニングシート。2号車、3号車は客室を間仕切り構造の簡易個室車両とし、木目を活かした落ち着いた雰囲気を醸し出した。

4両の総定員はわずか144名。ゆったりと旅を楽しんでもらうためのこだわりだった。

岩木山を背に走る「あおいけ」

車体のカラーリングは白と青を基調とした。「白神の白」そして「日本海の深青」をイメージし、沿線の風景と調和するように工夫した。

鉄道車両は大量生産の自動車などと違い、手作りの部品が多い。1点1点の部品寸法の誤差をどのように調整するのか、数千点にも及ぶ部品を短い工期に合わせてどう調達するのかなど、土崎工場は対応に追われた。

秋田支社の思いがこもった新車両はクルージングトレイン「リゾートしらかみ」と名付けられ、1997年4月1日に運行を開始した。五能線が「全国区」へと飛躍する大きな一歩だった。

新駅を設置し、「観光駅長」を任命する

「リゾートしらかみ」の運行開始に伴い、観光客誘致のために新駅の設置も進められた。運行開始から半年後の1997年10月1日に、「あきた白神駅」が開業した。

秋田支社は以前より「世界遺産白神山地の秋田県側の登り口の駅が欲しい」という要望を、地元の八森町から受けていた。それが実現した。新駅名は公募し、458通もの応募の中から、「あきた白神」に決定した。

「あきた白神駅」には新駅の「顔」となる「女性観光駅長」が配置された。地元企業の2人の社員が委嘱を受け、駅での乗降客のお出迎えや観光案内などに従事する。「観光駅長」はこれ以降、沿線の他の駅にも広がっていった。

２００1年12月1日には、ヨーロッパ風の建物が立ち並ぶ新たなリゾートの開発に伴い、「ウェスパ椿山駅」が開業した。この新駅は「リゾートしらかみ」の専用駅である。

ウェスパ椿山は深浦町が第三セクターに運営を委託している施設であり、温泉や体験工房が楽しめる。風車の丘白神展望台からは、日本海の夕日が一望できる。

さらには、２００5年3月19日に「十二湖駅」をリニューアルオープンさせた。沿線で最も人気の高い観光スポットのひとつである十二湖の最寄駅を整備し、観光客にとっての利便性を高めた。駅には産直施設や観光案内所が設けられている。

「リゾートしらかみ」の投入を機に、地域の自治体や企業との協業によって、沿線の拠点となる駅の整備が着々と進められていった。

年間利用客数4万5千人を突破

1997年の秋田新幹線開業と共に始まった「秋田デスティネーションキャンペーン」の効果もあり、開業初年度の「リゾートしらかみ」の利用客数は順調に増えた。

「デスティネーションキャンペーン」とはJR6社と自治体、地元の観光事業者が協働で実施する大型観光キャンペーンのこと。この年は、春に行われた秋田県の他、秋には熊本県、冬は茨城県でも行われた。秋田では「秋田花まるっ」をメインテーマに、さまざまなイベントが行われた。

五能線沿線の自治体でも、各駅で地元の名産品をアピールしたり、地元ならではの伝統芸能を楽しんでいただくイベントなどを実施した。たとえば、深浦駅では駅前広場でイカ焼きやサザエ焼きを提供したり、地元で長く伝わる「北前太鼓」が披露された。

こうした努力が実を結び、「リゾートしらかみ」の利用客数は5月に1万人を突破。7月に2万人を超え、夏休み終了前の8月23日には3万人を突破した。定員144名、1編成の「リゾートしらかみ」は、ほぼ連日満席状態だった。

夏が近づくにつれお客さまが目に見えて増える様子を見て、関係者は驚きを隠せなかった。五所川原市観光課長の菊池忠は五能線営業所長の佐藤竹彦を駅に訪ね、感心しきりでこう話した。

「しらがみ、すごいじゃ！」【4】

最終的に、「リゾートしらかみ」の初年度の年間利用者数は４万５９１８人を記録した。「観光客なんて本当に来るのか？」と思っていた地元の人たちも、驚くほどの盛況ぶりだった。

ただし、この時はまだ「こまち」人気と「デスティネーションキャンペーン」に支えられた集客だった。五能線に乗ること自体を目的に来る観光客はまだまだ少なかった。

そして、「また来たい！」と思うリピーターを増やすことができるかどうかも大きな課題だった。

2 「ハード」と「ソフト」を組み合わせる

運転士の思いからスタートした「サービス徐行」

五能線を「全国区」の人気路線にするためには、「リゾートしらかみ」というハードだけに頼っていては限界がある。せっかく五能線にまで足を運んでいただいたお客さまに、五能線ならではの独自サービスを提供することによって観光客の満足度を高め、リピーターになってもらう工夫が不可欠だった。

実際、開業初年度は盛況だった「リゾートしらかみ」の利用者数は、2年目以降減少傾向にあった。初年度約4万6000人だった年間利用者数は、2年目には約4万人に減り、その後は約3万5000人程度まで落ち込んだ。

このままでは、線香花火のような一時の人気で終わってしまう。秋田支社は五能線沿線連絡協議会と共に知恵を絞り、新たな「観光メニュー」の開発、実現に動いた。

列車や駅という「ハード」と独自サービスという「ソフト」の組み合わせ。それこそが、五能線が観光列車として成功するための鍵だと考えていた。

そのきっかけとなったのが、本書の巻頭で紹介した「サービス徐行」だ。絶景ポイントで列車の速度を落とし、雄大な景色をゆっくり楽しんでもらったり、写真を撮ってもらうための時間を確保するのが狙いだ。

実は、このサービスは「ノスタルジックビュートレイン」の頃から、それぞれの運転士が車掌と協力して行っていた。東能代運輸区の運転士、池端哲彦は当時の様子を懐かしそうにこう振り返る。

「あの頃はそれぞれの運転士が自らの考えでお客さまに景色を楽しんでいただきたいと思う区間で徐行していた。なかには、1分間程度列車を停める者もいた。でも、保線サイドからレールが傷つくのでやめてほしいという申し入れがあった。それでも、このサービスはなんとか続けたいということで、下り勾配になる下り列車のみで徐行を行っていた」

運転士と車掌の思いからスタートした「サービス徐行」が、正式にダイヤに組み込まれることになったのは、「リゾートしらかみ」の運転士だった池端が秋田

絶景ポイントのひとつ、千畳敷

支社の幹部に直訴したことによる。池端はこう語る。

「たとえ遅延して会社に怒られても俺はやるという同僚もいる。お客さまの期待を背中に感じて、『サービス徐行』をしないわけにはいかない。是非このサービスを列車ダイヤに組み込んでほしいと必死だった」

時間通りに運行することが任務である運転士にとって、予定外の減速を個人の判断で行うのは、ルールを逸脱する行為ととられても仕方がない。しかし、「せっかく五能線に乗車していただいたお客さまに少しでも楽しんでもらいたい」という運転士の強い思いが、支社の幹部や他部門を動かした。

運転士の思いがダイヤを組む「スジ屋」を動かし、「サービス徐行」が正式にダイヤに組み込まれた。そして、そのサービスを営業部門がパンフレットに載せ、五能線の目玉のひとつとして大々的に宣伝を始めた。

現場の気づき、思いから始まった新しい試みが、系統を超えた連携によって五能線の価値を大きく高めている。

停車中に景勝地を散策

「蜃気楼ダイヤ」や「サービス徐行」は、「リゾートしらかみ」の独自サービスとして有名になり、五能線の知名度は確実に高まっていった。

それ以外にも秋田支社はこれまでの鉄道の常識を覆すさまざまなアイデアを生み出し、実現させている。

たとえば、「リゾートしらかみ」の2号、3号、4号は、沿線有数の景勝地である千畳敷駅で15分間停車する。その間に、観光客は足早に降車し、潮風を感じながら、波打ち際まで続く石畳を散策し、記念写真を撮る。これも「リゾートしらかみ」ならではのサービスだ。

これはアメリカの鉄道で停車時間に観光や食事を楽しむという経験をした当時の支社長・志村のアイデアがもとになっている。

千畳敷は江戸時代の地震によって海岸が隆起してできた岩浜。「津軽の殿様が千枚の畳を敷いて大宴会をした」という言い伝えがある巨大な石畳の景勝地だ。さまざまな形をした奇岩奇石も多く、それを眺めるだけでも楽しい。

冬には海風で凍った巨大な氷柱が岩肌を覆い、氷のカーテンとなる。厳しい冬ならではの大自然のアートである。

千畳敷は、青森出身である太宰治の小説『津軽』にも登場する。岩場にはその文学碑も建てられている。

これほどの沿線の見どころを、単に車窓から眺めるだけではもったいない。僅かな時間でもいいので停車して、お客さまにフリータイムを提供したいというのが秋田支社の思いだった。

しかし、鉄道会社としてはリスクもある。岩場での散歩を許容するとなれば、発車時間に遅れるお客さまもいるかもしれない。列車に戻るのを焦り、岩場で滑り、怪我をすることだってありうる。「何もそこまでやる必要はないだろう」という否定的な意見が出てきてもおかしくはない。

しかし、秋田支社にはそうした発想はなかった。たとえ前例がなくても、お客さまに喜んでいただけることは、何でもやってみる。そうしたお客さま指向のマインドが、観光列車としての五能線を支えている。

車内イベントの開始

「リゾートしらかみ」の楽しみは、雄大な自然だけではない。車内で行われるイ

驚くほどに青い、青池

ベントも人気が高い。

津軽平野を走る時には、「津軽三味線生演奏」が行われる。このイベントは「リゾートしらかみ」が運行を開始した1997年4月から始まり、現在も続く五能線の「名物」のひとつだ。

津軽の景色を眺めながら聴く津軽三味線の音色に魅《ひ》かれる人は多く、これを目当てに乗車する観光客がいるほど高い人気を誇っている。

代表曲である「津軽じょんから節」や「津軽あいや節」「津軽甚句《じんく》」などを車内で楽しむ。「津軽を旅している」ことをまさに体感する瞬間である。

しかし、この独自イベントを始めるのは簡単なことではなかった。当時、五能線営業所長だった佐藤竹彦はその頃の苦労をこう振り返る。

「報酬なし、休日返上という条件で引き受けてくれる奇特な人は誰もいなかった。人づてで当時70歳の長尾武一さんにお願いし、なんとか引き受けていただいた。師匠について習っていないから三味線が下手だとかＪＲから高額のお金をもらっているとか色々いわれたが、長尾さんは一切お金をもらわず、無休で3年間やってくれた。長尾さんが高齢でいつ辞めるかわからないので、駅長室で私も三味線の手ほどきを受けた」

手探りで始めた三味線イベントは大好評で、五能線の人気イベントとなり、今では一流の三味線弾きの演奏を楽しむことができる。

長尾さんは三味線弾きを退任した2年後に亡くなった。佐藤は長尾さんの葬儀で「長尾さんはしらかみ号に命を燃やし尽くしてくれた」と慟哭《どうこく》した。

２００４年からは、新たに「津軽弁語り部」が導入された。販売促進課の三浦昌彦は、津軽三味線に続く新たな観光メニューがないか思案していた。ある時、弘前の観光りんご園を訪ねた際、園内の古民家で津軽弁の「語り部」に出会い、「これだ！」と直感した。

なんとかこの「語り部」を「リゾートしらかみ」の車内で聴かせたいと考え、何度も折衝《せっしょう》を重ねた。その熱意が通じ、ようやくイベントの実現にこぎつけた。

しかし、「語り部」もいざ始めてみると、問題点が出てきた。人が話す「語り部」は声質や声量に差があり、三味線のようにはっきり聴きとることができなかったのだ。

三浦はそうした問題点を「語り部」の方々と相談しながら、地道に修正していった。そして、今では三味線と並ぶ人気イベントとして定着している。

「リゾートしらかみ」は現場の知恵と努力でこうした「ソフト」面でのさまざまな工夫を凝らしながら、人気観光路線としての認知を高めていった。

地元の交通機関と力を合わせる

「ソフト」面の充実と併せて、秋田支社は「二次交通」の確保に力を注いだ。「二次交通」とは主要駅と観光スポットや宿泊施設などを結ぶ交通手段のことだ。バスやタクシーなどが該当する。

いくら秋田新幹線という「大動脈」と五能線という「静脈」がつながっても、広い沿線地域に点在する観光スポットを巡る「毛細血管」が整っていなければ、観光客は五能線の旅を堪能することはできない。

しかし、この「二次交通」に大きな課題があった。

たとえば、十二湖の青池に行くには、弘南《こうなん》バスが運行する路線バスを利用するのだが、このバスダイヤは「リゾートしらかみ」の時刻に接続していなかった。これでは、駅を降りた観光客は途方に暮れてしまう。

そこで、当時販売促進課の小笠原繁夫は弘南バスとの折衝に乗り出した。路線バスは「地域の足」としての役割を担っている。地元の利用客の利便性や採算性を重視するバス会社との調整は容易なことではなかった。

小笠原は粘り強く何度も折衝を繰り返した。そして、観光客の利便性をなんとか高めたいという彼の思いが通じた。弘南バスは「リゾートしらかみ」の発着時刻に合わせて、バスダイヤを組み替えてくれた。

現在では、「リゾートしらかみ」が遅延した時でも、列車の到着を待ってくれるほどにサービスが改善されている。

また、秋田支社は弘南バス、弘南鉄道に働きかけ、津軽エリアの公共交通機関を自由に乗り降りできる割安の「津軽フリーパス」を開発した。これによって、点在する観光スポットを巡る上で、利便性が大いに高まった。

このフリーパスを発売するにあたり、エリア内の自治体とＪＲを含む交通事業者で「津軽フリーパス運営協議会」を組織し、チラシやガイドブックの作成、誘客などを行っている。「大動脈」と「静脈」「毛細血管」がつながり、循環し始め、広域観光の基盤が整備されていった。

3 「しらかみ3兄弟」デビュー

「橅《ブナ》編成」の投入

五能線人気を不動のものにするための最大の懸案は、編成を増やすことだった。1997年に「リゾートしらかみ」を投入して以来、1編成のみで運行してきたが、ゴールデンウィークや夏休みのピーク時には指定席券が手に入りにくく、「幻のチケット」になっていた。

また、1編成のみでは秋田新幹線との接続もよくなく、観光客の利便性にも問題があった。そのため、首都圏からの観光客がダイレクトにアクセスできるように、新編成の投入が検討された。

その結果、2003年4月に投入されたのが、「橅《ブナ》編成」である。キハ48系を「種車《たねぐるま》」に、土崎工場が中心となって改造が行われた。

「橅《ブナ》」にも大好評のボックス席を2両連結させた。また、座席のフルフラット化、喫煙室の設置など、初代「リゾートしらかみ」を超える改良が施された。

1台80kgもある座席を取り出し、交換するなど大変な作業を、現場は短い工期の中でやり遂げた。車体は白神山地をイメージした深緑色に塗装された。「橅《ブナ》編成」の投入と同時に、初代「リゾートしらかみ」は「青池編成」と命名され、「青池」「橅《ブナ》」の2編成となった。

「橅《ブナ》編成」の投入は、五能線を大きく活性化させた。1編成時には年間4万人弱だった乗者人員数は、一気に6万人を突破し、「リゾートしらかみ」人気はさらに高まった。

夜間の車両検査

「リゾートしらかみ」人気の高まりは、現場での仕事にも大きな影響を与えた。鉄道車両は運行中の事故や故障などを未然に防ぐため、定期的な検査が法律で義務付けられている。

車両検査は「仕業検査」と「交番検査」に大別される。仕業検査は2〜6日ごとの短い周期で行われる点検である。車両に取り付けられている主要機器・装置の状態確認や動作確認、消耗品の交換などを行う。

それに対して、交番検査はより長期の周期で、より詳細に行われる検査である。動作確認だけでなく、試験装置を用いたより詳細な検査が行われる。

たとえば、車輪の踏面の形状を確認し、正規の形状から大きく外れている場合には、削正機で削り直すなどの対策が講じられる。

「橅《ブナ》編成」はこの交番検査を行うために、3ヶ月に2日間運休せざるをえなかった。3ヶ月に2日とはいえ、新しい車両を楽しみに秋田まで足を運んでくれたお客さまをがっかりさせることになってしまう。

営業サイドからは「なんとか毎日運転してほしい」という強い要望が上がっていた。

車両検査を担当する南秋田運転所（現秋田車両センター）はその対応に苦慮した。営業現場からの要望にはなんとか応えたい。しかし、そのためにはこれまでやっていなかった夜間帯の交番検査を行わなくてはならない。限られた人員の中で、その追加負担はけっして小さくない。

しかし、現場は前向きに検討した。車両課にいた藤原稔は、当時の雰囲気をこう語る。

「車両の検査は昼間にやるのが当たり前とみんなが思っていた。夜間の検査なんてやったことがないので、抵抗感もあった。でも、営業の熱意に応えたいという気持ちも強かった。前例がないからこそやる価値がある、どうしたらできるのかを考えようと意識が変わっていった」

車両課は夜間シフトの体制を整え、人数を４名から６名に増員することで対応した。しかし、現場での対応はそう簡単ではなかった。藤原は当時の苦労をこう語る。

「検修庫内が暗く、検査ができない。照明を設置したが、それでも照度が足りない。やむを得ず、点検灯を持ちながら必死で作業を行った。なんとか検査が終わり、車両が検修庫から出ていくと、ホッとした」

夜間交番検査の実現には、グループ会社の協力も不可欠だった。藤原同様、当時南秋田運転所で夜間交番検査に携わった藤田公男はこう指摘する。

「夜間交番検査はＪＲ社員だけでできたのではない。検査だけでなく、清掃も夜間に行わなければならない。清掃を担当している秋田クリーンサービス（現ＪＲ秋田鉄道サービス株式会社）の全面協力があったからこそ実現した」

グループ一丸となった取り組みによって、「橅《ブナ》編成」の毎日運転が実現された。以前はお客さまの数を話題にすることもなかった南秋田運転所の車両検査担当のメンバーたちが、「昨日は混んでいたみたいだな。乗車効率が高かった」などと話すようになった。夜間交番検査は現場の意識も変え始めた。

観光を「開発」する

「橅《ブナ》編成」の投入によって、「リゾートしらかみ」の旅をより多くの人たちに楽しんでいただく準備はできた。しかし、五能線や「リゾートしらかみ」を知らない人はまだまだ多い。

ただ単に口を開けて待っていたのでは、新たな観光客を誘致することはできない。そこで、秋田支社は積極的な情報発信、誘客促進に動き出した。

現在はあまり使われないが、ＪＲ東日本では「着地営業」という言葉がよく使われていた。これは観光客を迎え入れる側（着地）が積極的に地元の魅力を売り込み、観光客に来ていただくための営業活動、宣伝活動のことである。

現在では「観光開発」という言葉に置き換わり、自治体をはじめとする地元関係者と連携した地域づくりを通じて、観光による交流人口を拡大する取り組みへと進化している。

秋田支社の場合、その最大のターゲットは東京を中心とする首都圏である。首都圏の人たちに五能線を知ってもらい、興味を持ってもらい、足を運んでもらうための活動、施策が「観光開発」である。

ただ、こうした活動を熱心に行っても、それがそのまま秋田支社の収入増になるわけではない。首都圏からの旅行の場合、切符はほとんど首都圏の窓口で購入されるからだ。

しかし、観光のデスティネーション（目的地、着地）として秋田や津軽を選んでもらうためには、じっと待っているわけにはいかない。ひとりでも多くの観光客に来てもらえれば、たとえ乗車券や特急券の収入は秋田支社に落ちなくても、新幹線の利用は拡大し、宿泊費や飲食代などは地元に落ち、地元経済の活性化につながる。

まず企画したのが、「リゾートしらかみ」の車両展示会である。１９９８年に品川駅で「リゾートしらかみ」の車両を展示し、五能線沿線の魅力と観光情報を発信したのが始まりだった。

2003年3月には、「橅《ブナ》編成」の運行開始に先立ち、品川駅で体験乗車会を実施、120名を招待した。それ以降、毎年、品川駅や上野駅で車両展示会を開催した。2008年に上野駅で行った車両展示会には、2日間で約1万2000人もの鉄道ファンが訪れた。首都圏のターミナル駅での車両展示会は、五能線の知名度を高めるための有効な施策として機能した。

このほかにも、世界自然遺産・白神山地の魅力をアピールするため、2001年から「白神山地ブナの学校」を地元や東京で開催し、講師として招かれたC・W・ニコル氏、三浦雄一郎氏、田部井淳子氏らが白神山地をはじめとする五能線沿線の魅力を語っている。

「くまげら編成」の投入

2005年10月、「リゾートしらかみ」は累計乗車人員数40万人を突破した。1997年に運行を開始してから、8年目のことだった。

「リゾートしらかみ」は進化を止めることはなかった。翌2006年3月、JR

東日本はクルージングトレイン第三編成となる「くまげら編成」を投入したのだ。これで「青池」「橅《ブナ》」「くまげら」の「リゾートしらかみ3兄弟」が完成した。

「くまげら編成」は朝8時台に青森駅を出発する。これによって、秋田駅、青森駅双方から出発する3往復体制が確立され、五能線の旅がより便利で快適なものとなった。

「くまげら編成」は「橅《ブナ》編成」同様、キハ48系を改造した。車両編成は普通車指定席2両、ボックス席1両の3両編成である。

「くまげら編成」は車両の塗装にこだわった。日本海に沈む幻想的な夕日をイメージしたグラデーションを再現するために、現場は知恵を絞った。塗装を担当した秋田総合車両センターの米屋英則はその思いをこう語っている。

「夕日の複雑な色を表現するために、白、黄、オレンジ、赤、各色の中間色計16もの塗料を調合し、一気に吹き付けを行った。秋田総合車両センターが長年積み上げてきた塗装技術の結晶だった」

「くまげら編成」が運行を開始した約1年後、東能代駅に「くまげら待合室」が

りんごのなる季節に――「くまげら」

設置された。列車停車中のお客さまが時間を持て余していることに気づいた東能代駅の小林金雄が提案し、実現させた。小林はこう振り返る。

「『くまげら編成』の投入に合わせ、待合室を活用し、沿線の魅力をもっとPRしたいと考えた。みんなでいろんな意見を出し合った。『やればできるんだ』とモチベーションを高める大きな転機になった」

待合室では、特産品販売店の案内や観光モデルコースが紹介されている。入り口も車両と同じグラデーションを施すなどこだわった造りになっている。

「くまげら編成」の投入により、「リゾートしらかみ」人気はさらに拍車がかかり、2006年の年間乗車人員数は、はじめて10万人を突破した。

地方の赤字ローカル線にすぎなかった五能線が、人気の観光路線として確固たる地位を確立した。

環境にやさしいハイブリッド気動車の投入

2010年12月、東北新幹線の新青森駅が開業した。それと同時に、「青池編成」は環境にやさしいハイブリッドシステムを搭載したハイブリッド気動車ＨＢ－Ｅ３００系へと置き換えられた。

ハイブリッド気動車とはディーゼルエンジンとリチウムイオン蓄電池を組み合わせ、駆動力に電気モーターを使用する車両である。発車時は蓄電池に充電された電力を使い、加速時はディーゼルエンジンが動作して発電機を動かし、蓄電池電力と合わせてモーターを回転させる。

減速時はモーターを発電機として利用し、ブレーキエネルギーを電気に変換して蓄電池に充電するシステムになっている。

燃費がよく、排気中の窒素酸化物（NO_x）が低減でき、停車時や発車時の騒音も小さい。まさに、雄大な大自然を楽しむ五能線にはうってつけの車両である。

ハイブリッド気動車の投入は、五能線の歴史において特筆すべき画期的なことである。五能線は旧型客車や旧型気動車を改造した観光列車を核としながら、観光路線に変身する小さな努力を地道にコツコツと積み上げてきた。

20年にも及ぶこうした努力が実を結び、観光路線として確固たる地位を築いたからこそ、最新鋭ハイブリッド気動車の投入という大型設備投資につながったのだ。最初から他人任せにせず、まずは自分たちで懸命に努力する、できることをやり切ることの大切さを、五能線の復活は教えてくれる。

ハイブリッド気動車の外観デザインは旧「青池編成」を踏襲。日本海の水平線をイメージした「濃い青色」と十二湖の神秘的な青池の「明るい青色」を基調とした色彩を用いている。

「青池」「橅《ブナ》」「くまげら」の3編成が揃った「リゾートしらかみ」人気は確固たるものとなった。そして、2011年10月、「リゾートしらかみ」の累計乗車人員は100万人を突破した。1997年に手探りで始まってから、14年目の快挙だった。

2015年度末現在、累計では146万人もの観光客が「リゾートしらかみ」の旅を楽しんでいる。この数字は数ある他の観光路線を圧倒する実績である。

公認キャラクターの誕生

五能線の知名度は大きく高まった。次に秋田支社が取り組んだのは、「青池」「橅《ブナ》」「くまげら」という特徴的な3編成をアピールすることだった。

その具体的な施策として、秋田支社は「リゾートしらかみ3兄弟」のPRキャラクターを2014年12月にメジャーデビューさせた。それによって、「あおい

リゾートしらかみ３編成。左から「くまげら編成」「青池編成」「橅《ブナ》編成」

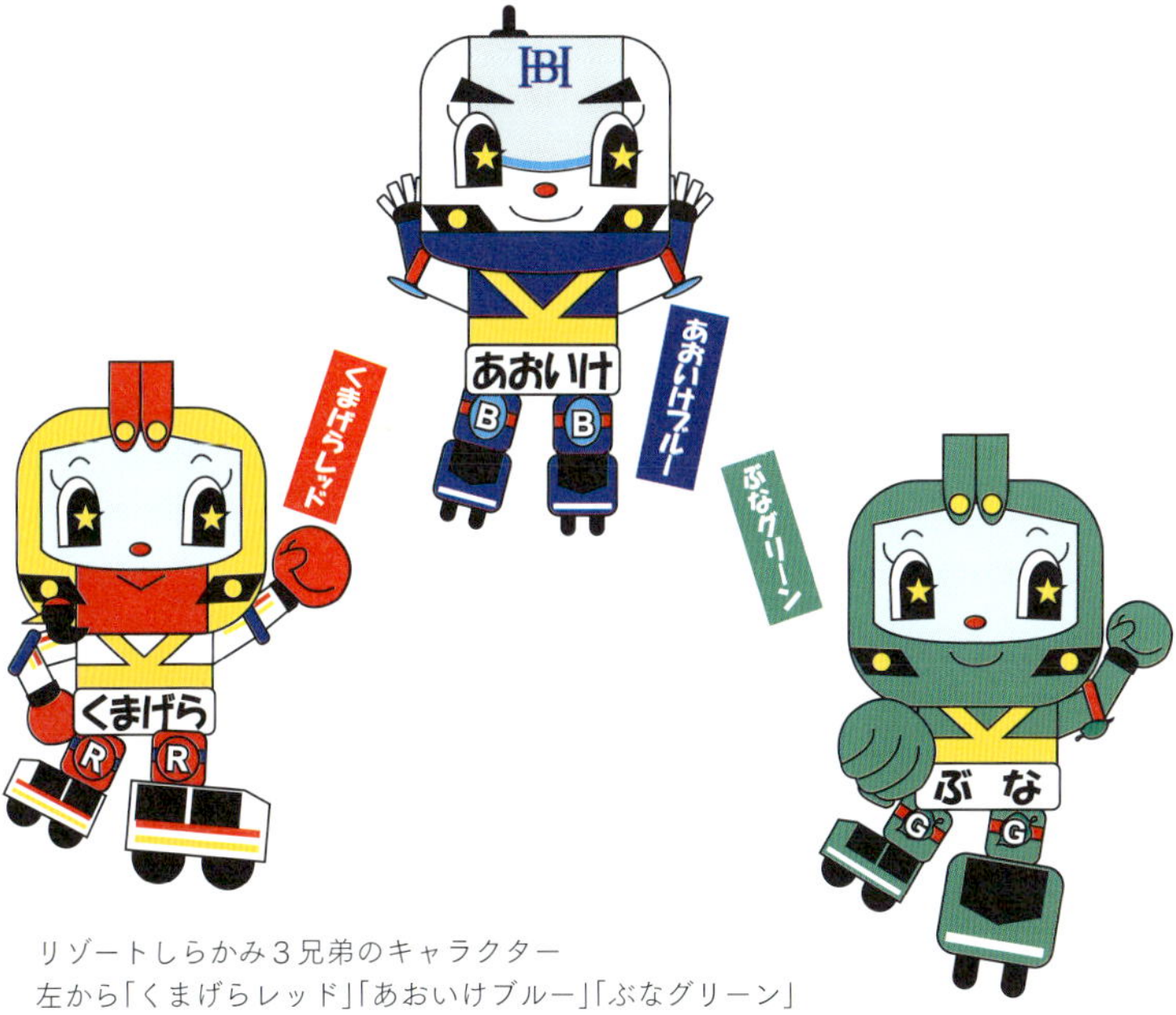

リゾートしらかみ３兄弟のキャラクター
左から「くまげらレッド」「あおいけブルー」「ぶなグリーン」

けブルー」「ぶなグリーン」「くまげらレッド」という「3兄弟」が誕生した。
さらには敵役「エッパー」と「キョウフーン」も登場した。「エッパー」は五能線の〝敵〟である「越波」を、「キョウフーン」は「強風」をもじって命名された。これらのキャラクターづくりは、秋田駅に勤務する若手社員たちの提案から始まった。そのひとりである阿部泉はそのきっかけをこう語る。

「若手社員が中心となり、創客プロジェクトを立ち上げたのがきっかけだった。秋田駅オリジナルのキャラクターをつくり、駅でのおもてなしや販促に活用したいと思っていた。『リゾートしらかみ』の3編成はそれぞれが特徴的なので、それをモチーフとして兄弟として打ち出したら面白いのではと考えた」

秋田駅からスタートした「3兄弟」は、そこで留まることなく、東能代駅で更なる進化を遂げることになる。当初は、秋田駅生まれの「3兄弟」のイラストが描かれたポストカードをつくり、観光客に記念に配っていた。
しかし、それだけではインパクトが足りないと、若手社員たちが動き出した。そして、始まったのが「3兄弟」の着ぐるみを製作することだった。メンバーのひとり、矢野翔太は当時をこう振り返る。

「お客さまにもっと思い出深い印象的な旅にしてもらいたいと、着ぐるみの製作を思いついた。ダンボールにラッピングして頭部を作ったり、マントやベルト、手袋、長靴などは普段の業務で使っているものを利用した。極力お金をかけずに、みんなで知恵を絞った」

手作りの着ぐるみは大好評で、社内外で評判になった。

秋田駅で生まれ、東能代駅で進化したキャラクター人気を、支社は見逃さなかった。今では、支社公認キャラクターに「格上げ」され、人気を博している。

ダンボール製の手作りだった着ぐるみは、本格的な着ぐるみへと変身し、大活躍している。また、キーホルダーや缶バッジなどのオリジナルグッズが車内や駅の売店で販売されている。

「リゾートしらかみ3兄弟」は駅で生まれて、駅で育った人気キャラクターだ。手作り感満載の五能線らしいキャラクターは、若い人たちの発想とアイデアで進化している。

地域と共に

第3章

巨大な立佞武多が夜の街をゆく

復活

五能線営業所長の佐藤竹彦と五所川原市観光課長の菊池忠は、五所川原の繁華街・川端町の小料理屋で酒を酌み交わしながら話し込んでいた。

2人の関心事は、「ネプタ」だった。五所川原にはかつて巨大なネプタがあった。江戸時代、津軽藩の開拓によって生まれた五所川原は、明治に入り豪商が現れ、「商人の町」として栄えた。豪商たちはその経済力を背景に、夏祭りの山車を巨大化させていった。

1890年（明治23年）8月23日の地元新聞には次のような記事が載っている。「総て6個なり、大なるもの15間（約27m）の高きに達せり、近郷近村より見物に出づるもの人山を築くばかり……」

巨大ネプタは五所川原の誇りや魂を伝える象徴となっていった。

しかし、町の発展と共に、町中は電線だらけとなり、自動車の往来も劇的に増えていった。やがて、巨大ネプタは姿を消してしまった。

巨大ネプタのことなど誰もが忘れてしまっていた1993年、巨大ネプタの設計図が発見された。旧家で先祖の遺品を整理していた時に、偶然見つかったのだ。豪商に仕えていた大工の棟梁が書き残した図面は、全部で7枚。和紙に筆で描かれており、寸法も記載されている。

関係者たちは色めき立った。なんとかこの巨大ネプタを復活させることができないかと検討が始まった。

その中心にいたのが菊池だった。菊池は巨大ネプタ復活に向けて奔走し、関係する人たちを説得し、協力を仰いだ。

そして、その努力が実り、1996年7月、巨大ネプタは80年ぶりに復活した。名前は「立佞武多《たちねぷた》」と命名された。

しかし、残念ながら復元の場は、岩木川の河川敷だった。手狭で電線だらけの町中で復元し、練り歩くことは難しく、河川敷で組み立てていった。

80年ぶりに威風堂々の勇姿を現わした「武者」は、町を練り歩くこともなく、河川敷で火が放たれ、昇天した。

せっかく復活した立佞武多が町を練り歩くことなく、河川敷で燃やされるのは

20×20

あまりにももったいない。そう思っていた佐藤は、菊池にこう話しかけた。

「来年、立佞武多は岩木川で燃やすのか」

「んだじゃ」

「もったいねな。駅前だけでも、ふぱらえねが（引っ張れないか）？」

菊池の顔は一気に上気し、佐藤ににじり寄った。

「えが？　駅前の電線、寄せれるが？」

「おらほは何とかするから、課長さん、駅前の警察と丸ツウ（日本通運のこと）を回してくれないか？」

「よし、やっべじゃ。」

80年の時を経て復活を遂げた立佞武多を「駅前で引く」という前代未聞の挑戦が始まった。


しかし、ことはそう簡単には進まなかった。菊池と佐藤が考えた案は、駅前通り70mの電線を市役所の経費で外し、立佞武多を往復させるというものだった。

関係者の多くは反対し、中には嘲笑する者さえいた。

「そんな高い物を引っ張って、もし倒れたら誰が責任を負うのか」

「時期的に青森のねぶた祭りが開催されていて、客なんか誰もこない。そんな祭りをすること自体やめてほしい」

「そもそもそんな背の高いもの、どうやってみるのや？」

それでも、菊池と佐藤は諦めなかった。地元五所川原の衰退は激しい。観光もジリ貧状態だ。伝統の立佞武多をなんとしてでも復活させ、五所川原に新たな風を吹かせたいと2人は必死だった。

佐藤は反対する人たちを回り、「JRはたとえ30ｍでもやる準備はできているる」と覚悟を告げた。そして、菊池は市長に直談判し、「周りの説得は私がやるので、やれ！」という言葉を引き出した。菊池は仙台の東北電力本社に乗り込み、電線地中化を掛け合った。東北電力の担当者には「電線を埋めろなんていってきた自治体は五所川原さんが初めてだ」と呆れられたという。

そして、1998年8月5日、立佞武多は80年の時を経て、五所川原の市街地を練り歩いた。人々はその威容を目にし、身体が震えるほどの感動を覚えていた。

20×20

それ以降、五所川原立佞武多は毎年8月4日から8日まで開催されるようになった。今では、青森、弘前と並ぶ3大ねぷた祭りとして高い人気を誇っている。20mを超える3台の立佞武多が2・1㎞を堂々と練り歩き、町は興奮に包まれる。復活したこの立佞武多を一目見ようと、2012年には期間中133万人もの観光客が訪れた。

五所川原立佞武多の囃子方のかけ声は、津軽弁の「ヤッテマレ」。「やってしまえ」という意味である。

五能線メモ

五所川原駅から徒歩5分ほどのところに「立佞武多の館」があり、3基の立佞武多が常設展示され、その圧巻の勇姿をいつでも見ることができる。「ねぷた祭り」は七夕の日に「眠り流し」(灯籠流し)が起源という説がある。台座に書かれる「雲漢」は「天の川」という意味である。

1 五能線沿線連絡協議会の立ち上げ

「人口減少」という現実

五能線が走る秋田県、青森県は日本において最も「人口減少」「少子高齢化」が厳しい地域である。人口減少率は全国で秋田が1位、青森が2位という深刻な状況にある。

２０１４年の秋田県の人口増減率はマイナス１・26％。１年間に１万人以上減少している。このまま進めば、20年後には秋田県の人口は３割弱減り、青森県は２割強減るという厳しい予想がされている。

しかも、65歳以上の老年人口比率は、現在の３割から４割程度へと拡大する。それが目の前にある現実である。

こうした地域を走る五能線は、いまや地元にとってかけがえのない「希望」である。秋田新幹線や東北新幹線とつながり、首都圏などからたくさんの観光客に来ていただく。それがなくては、秋田や青森の活性化はありえない。

かつては「お荷物」扱いだった五能線が、地元の経済やコミュニティを活性化させる「救世主」の役回りを演じることになったのである。

そのためには、地元の自治体や企業との連携が不可欠である。五能線というローカル線の人気だけが高まるのではなく、沿線の町や地域が活性化し、潤うことに結びつかなければ、五能線人気も長続きはしない。

白神山地や津軽にまたがる広域エリアをひとつの観光地としてもり立て、アピールするためには、沿線自治体がひとつにまとまり、統一的なPRを行うことが不可欠だった。

「ただの昼食会」からのスタート

そのためのプラットフォームとして、秋田支社が1990年に沿線自治体に働きかけ、立ち上げたのが、五能線沿線連絡協議会だった（発足時の名称は五能線沿線連絡自治体協議会）。

「ノスタルジックビュートレイン」の運行開始に伴い、「沿線自治体と観光振興を話し合う場」を設けたいというのが秋田支社の狙いだった。

しかし、立ち上げ当初は秋田支社が思い描いていたようには進まなかった。沿線にある13市町村（当時）の首長が参集し、議論を始めたが、それぞれの首長から出されるのは、「列車を増発してほしい」などJRに対する地元の要望や苦情ばかり。秋田支社が期待していたような、五能線沿線全体をどのように活性化させるのかについての前向きな意見はまったくといっていいほど出なかった。

販売促進課の石戸谷哲治はこう振り返る。

「当時、協議会は『昼食会』と呼ばれていた。首長たちが一堂に会して食事をするだけの会だった」

各自治体の首長は地元の利益代表としての発想が強く、沿線全体や広域観光の振興にまでは関心がまわっていなかった。その結果、全体最適を語るのではなく、部分最適の話に終始し、協議会は設立早々形骸化してしまった。

その後、出席者は首長クラスから課長クラスへと変わったが、出席者の意識やスタンスに大きな変化は見られなかった。協議会は「各自治体がJRに物を申す場」でしかなく、五能線沿線をどうやって盛り上げるかという広域観光に対する温度差を解消することは難しかった。

「五能線沿線マップ」の作成

設立から4年目の1994年、協議会はこの状況を打開するために、新たな取り組みに乗り出した。それは沿線13市町村が合同して、ひとつのマップを作成するというものだった。

それまでは各自治体が個別にパンフレットやチラシを作成していたが、訴求力に乏しかった。いくら単独でアピールしても、それだけでは大きな魅力にはなりえず、誘客に結びついていなかった。

秋田支社は「点」をアピールするのではなく、「線」や「面」をアピールすることによって、沿線全体の訴求力を高めようと提案し、合同パンフレットの作成にこぎつけたのである。名称は「五能線沿線マップ」と名付けられた。

完成したマップは見開き6ページの簡素なものだった。イラスト化された沿線地図と13自治体の簡単な紹介文と写真が載せられている。

作成された「五能線沿線マップ」は首都圏の各駅に貼り出された。協議会として初めての合同プロモーションだった。

この取り組みがどれほどの誘客に結びついたかは検証されていない。出来上がったマップも、現在の洗練された販促物に比べれば、出来栄えは今ひとつだ。しかし、協議会にとってこの取り組みがとても大きなステップだったことは間違いない。

それまでバラバラに動いていたのが、ひとつのマップを一緒に作るという協同作業を通じて、広域観光の狙いや意義に対する理解が出席者の間で徐々に深まっていった。

一緒にひとつの成果物をつくることによって連帯感も高まった。これ以降、自治体が合同してPRキャンペーンを展開したり、物産展や首都圏の主要駅でマップやパンフレットを配布するなどの取り組みが増えていった。

協議会が共通のプラットフォームとして少しずつ機能し始めたのだ。

五能線フォトコンテスト

1995年、協議会は「五能線フォトコンテスト」を開催した。これは地元新聞社である陸奥新報社の創刊50周年の節目を祝うイベントとして企画された。

イベントの告知はパンフレットの作成・配布とフォト専門誌4誌に出した小さな広告だけだった。協議会はそれほど大きな反応は期待していなかった。

しかし、写真ファン、鉄道ファンの反響は予想以上に大きかった。日本全国から五能線を撮影するために、熱心なファンが訪れた。

大自然の中を行く五能線のベストショットを撮ろうと、ファンたちは躍起になった。地元の人たちも知らないような絶景ポイントが発掘された。

そして、188点もの素晴らしい作品が寄せられた。協議会の予想をはるかに上回る数だった。

協議会のメンバーたちはその反響の大きさに驚き、五能線の観光素材としての価値を改めて再認識した。沿線以外に住む人たちの五能線に対する関心の高さが、地元自治体や住民たちの意識を変えるきっかけとなった。

1995年11月に行われた審査会では、当初予定していなかった自治体賞が急遽追加決定された。できるだけ多くの人の作品を評価したいという協議会の意思の表れだった。

翌1996年、入賞作品展が五所川原市を皮切りに、沿線の市役所や町役場で開催された。さらに、優秀作品はパンフレットなどの販促物に使用されることになった。

「五能線フォトコンテスト」は2004年までの10年間、継続して開催された。

その間に、数多くの傑作が生み出され、五能線そしてその沿線の素晴らしさをリアルに伝える大きな役割を果たした。その後、10年間の入賞作品を掲載した写真集『写走　夢ライン　五能線　フォトコンテスト作品集』が陸奥新報社から発刊され、首都圏のキオスクなどで販売されて、好評を博した。

2 「観光メニュー」の開発

そんなことは聞いていない

マップの作成やフォトコンテストの実施によって、少しずつ五能線沿線全体を盛り上げようとする機運は高まりつつあった。しかし、ＪＲと自治体の間、支社と現場の間にはまだまだ「温度差」があり、ちぐはぐなことが起きていた。

「リゾートしらかみ」が運行を開始する１９９７年に五能線営業所長に就任した佐藤竹彦は、当時のことをこう振り返る。

『『リゾートしらかみ』の歓迎セレモニーがあるというので、地元自治体に挨拶に行って驚いた。その自治体の助役は『そんなことは聞いていないし、議会の承認も受けていない』という。観光客を乗せるバスも手配されていなかった』

温度差は秋田支社内でもあった。「リゾートしらかみ」のパンフレットがなくなりそうだったので、佐藤が販売促進課に電話すると、『『しらかみ』に回す金がないので、コピー刷りで頼む』と告げられた。

やむを得ず、佐藤はパンフレットをコピーしたり、自分で撮った「リゾートしらかみ」の写真を駅に貼り出すなど工夫するしかなかった。

マップを一緒に作成したり、フォトコンテストを実施したりして、少しずつ意識は高まってはいたが、まだ実際に観光客が五能線に押し寄せてきているわけではない。

本当に首都圏の観光客は五能線に乗りに来てくれるのだろうか。誰もが確信を持てない中で、現場では手探りが続いていた。

危機感から生まれた「コンペティション」

そうした状況の中で、観光路線への転換を主導した長岡の後任として支社長に就任した志村謙一は、沿線自治体の意識を大きく変える施策を打ち出した。「観光メニュー」を競わせる「コンペティション」の実施である。

五能線沿線の自然は確かに素晴らしいが、それ以外に五能線の観光の目玉は乏しかった。せっかく観光客が五能線を利用しても、楽しめる「観光メニュー」が限られていたのである。当時、販売促進課長だった阿部盛好はこう振り返る。

「支社内の会議で『五能線の売り込みはもうやめるか』まで議論された。ここでやめるのはもったいないと思ったが、とても厳しい状況であるのも事実だった」

秋田新幹線の開業が迫る中、志村も大きな危機感を感じていた。当時、協議会で配布された資料には次のように記載されている。

「五能線沿線が観光地としてお客さまの選択肢に加えていただけるかどうかは、秋田新幹線開業後１〜２年で明暗が分かれます。この秋田新幹線開業時に観光地としての評価を得て、着実に歩まなければ将来も望みは薄いといえます」

そこで、秋田支社は沿線各自治体に思い切った提案をした。各自治体に新たな「観光メニュー」の開発・提示を要請し、その内容によって「リゾートしらかみ」の停車駅を決定する「コンペティション」を実施すると通知したのだ。「リゾートしらかみ」の運行は、秋田支社にとっても大きな賭けだった。沿線自治体が本気で観光客を誘致しようとする姿勢と努力を見せ、創意工夫してもらわなければ、「リゾートしらかみ」の成功は覚束《おぼつか》ない。

秋田支社の覚悟と本気さは、沿線自治体にも伝わった。深浦町観光課長だった八木橋健は当時の様子をこう語る。

「『ノスタルジックビュートレイン』の導入で、町民の目が観光に向き始めた。お客さまに来ていただいて、お客さまにお金を落としてもらうことが町の振興につながると気づいた。深浦町はＪＲと様々な面で深く連携する道を選択した」

各自治体は「リゾートしらかみ」に停車してもらうために、地元の観光資源を洗い出し、オリジナリティの高い「観光メニュー」の開発に本気で取り組み始めた。

個性豊かな「観光メニュー」を開発する

「観光メニュー」は沿線の自然を楽しむ「自然体験メニュー」と沿線の文化や歴史、食などを楽しむ「その他メニュー」に大別される。

たとえば、八森町は白神山地を一望できる二ツ森までのシャトルバスの運行やエコツーリズム「白神探検隊」の実施を提案した。日本海を望む深浦町は「海底透視船みえ〜る号」や古刹・円覚寺を見学する体験メニュー、名物のチャンチャン焼きを地元の人たちが振舞うといったメニューを提案した。

一方、自然を楽しむメニューの企画が難しい自治体は、何を売り物にするのか知恵を絞った。これといった観光の目玉になるものに乏しい能代市から提案されたのはバスケットボールだった。

能代市には、全国的にも有名なバスケットボールの強豪・能代工業高校がある。全国大会58回もの優勝を誇る全国屈指の名門である。

そこで、能代駅のホームにバスケットゴールを設置し、列車が停車している間に乗客がシュートを試み、成功した人には記念品をプレゼントするというアイデアを提案した。

木造町（現つがる市）は縄文時代の遮光器土偶が出土したところとして知られている。そこで、駅舎を土偶をかたどった斬新なデザインのものに改築する案を提案した。

りんごの名産地・板柳町はりんご狩りを体験するための送迎バスを手配したり、りんごの魅力を楽しめる施設「板柳町ふるさとセンター」での特産品の販売を提案した。

各自治体は地元ならではの「素材」を掘り起こし、観光客が楽しめるような「観光メニュー」へと仕立てていった。

長い停車時間を活かす

こうした「観光メニュー」を考案する際に、有効だったのが「長い停車時間」だった。

五能線は単線のため、列車の行き違いのために一部の駅で長時間の停車を余儀なくされる。一般的には長時間の停車は欠点だと思われているが、ＪＲや自治体はその欠点を逆手にとって、活かそうと考えた。

退屈な待ち時間を、多様な「観光メニュー」を楽しむために使う。「長時間の停車は観光を楽しんでもらう絶好のチャンス」と捉えたのだ。

停車時間の間に自然を満喫してもらったり、沿線の名所や観光スポットを訪ねてもらおう。それが難しければ、駅のホームでちょっとしたイベントを楽しんでもらったり、特産品を買ったりしてもらう。五能線の旅をより豊かなものにしてもらうために、知恵を絞った。

地元の人たちの意識も少しずつ変わっていった。深浦駅近くで「食べ物屋　セイリング」を営む山本千鶴子は、「手を振り隊」を結成し、活動している。「リゾートしらかみ」が深浦駅に到着すると、地元の小学生らと一緒に歓迎の横断幕を掲げ、観光客に手を振り、歓送迎の気持ちを伝える。

山本はその思いをこう語る。

「ＪＲ主催のフォーラムに参加した時に、『ＪＲは人を連れてくる。その後、沿線の皆さんがどうするかにかかっている』といわれた。『連れてくる』なんて大きな話だと思ったが、町のみんなが『町に人が降りてくれれば……』と思っていた。何かできることはないかと考え、『手を振り隊』を始めた。最初は『駅で手を振って何が楽しいの？』と地域の人に笑われた。でも、今ではみんなが手を振ってくれるようになった。ＪＲが連れてきたお客さまを満足させるのは私たちの役目だと思っている」

観光客にとって大事な「二次交通」の整備も徐々に進んだ。各自治体はそれぞれの「観光メニュー」を楽しんでもらうために、バスを手配したり、無料送迎タクシーを用意した。それによって、駅から目的地までの「足」が確保され、観光客にとっての利便性は徐々に高まっていった。

五能線という「路線」を売り込む

沿線自治体の競争意識の芽生えと創意工夫により、「観光メニュー」は充実していった。それは五能線のパンフレットの変遷を見れば、明らかである。

１９９７年当時、パンフレットに掲載された「観光メニュー」は、白神山地トレッキングやりんご体験など数えるほどしかなかった。

それが、１９９９年には10種類に増え、２００８年には30種類を超えた。そして、現在では50種類を超える「観光メニュー」が観光ガイドブック『五能線の旅』に掲載されている。

「リゾートしらかみ」が人気を呼び、実際に観光客が首都圏などから訪れるのを目の当たりにして、沿線自治体の意識は大きく変わった。観光客にいかに楽しんでもらうかを真剣に考え始めるようになった。

「観光メニュー」の充実と同時に、パンフレットもより魅力的なものへと変貌を遂げた。五能線の成功において、パンフレットの果たした役割はとても大きい。

当初は折りたたみ４ページの簡易なものだったが、現在では『五能線の旅』と題された内容豊富な洗練されたものが年3回刊行されている。「春夏版」は32ページと情報満載で、読み応えたっぷりである。

パンフレットの変遷は、五能線マーケティングの進化の歴史でもある。当初は「リゾートしらかみ」という「車両」が前面に出ていた。１９９８年のパンフレットは『リゾートしらかみの旅』と題され、五能線の文字は小さい。

それ以降、「リゾートしらかみ」という「車両」と五能線という「路線」の両方をアピールするように変わっていった。

そして、２００４年に『五能線の旅』とタイトルを変えた。「リゾートしらかみ」という「車両」をアピールするのではなく、五能線という「路線」の魅力を前面に押し出している。

　この方針転換は、当時販売促進課の奈良隆模の提案がきっかけとなった。奈良は秋田支社から本社に転勤し、東京から秋田の取り組みを見ていた。奈良はこう振り返る。

「東京から秋田支社の取り組みを見ていて、頑張っているなと思っていた。でも『車両』を中心にアピールしていることに違和感があった。東京のお客さまにアピールするのは、五能線という『路線』の魅力なのに、そこがずれていた」

　秋田に戻った奈良は、「車両」から「路線」への方向転換の必要性を熱く訴えた。そして、その考え方は支社内で受け入れられた。

　首都圏の観光客は「非日常」を求めている。そうした「非日常」が詰まっている五能線という「路線」を商品としてアピールする。

　秋田支社の観光開発の手法は、この時点で大きく変わった。沿線の自治体などと連携して生み出した地域の魅力を、最大のマーケットである首都圏で徹底的に情報発信し、販売促進に取り組んだ。白神山地、十二湖、北前船、海辺の温泉、立佞武多、バスケの町など、五能線沿線の情報が首都圏の駅を飾った。

現在、『五能線の旅』は、「春夏版」「秋版」「冬版」あわせて計28万部作成されている。１９９４年に制作された「五能線沿線マップ」の作成部数はわずか５０００部だった。20年の間に、その数は50倍以上になった。

２００８年には８ページの英語版のパンフレットも誕生し、年々増えている外国人観光客にとても好評だ。

五能線における沿線価値の向上、そしてそのマーケティング手法は、日本における広域観光モデルのお手本として高い評価を受けている。

リワイヤリング

ＪＲ東日本から北海道大学大学院に留学して広域観光を研究した富岡耕太の論文には、「リワイヤリング」という言葉が出てくる。「リワイヤリング」とは社会学者であるロナルド・バートが打ち出したもので、「ネットワークを再構築することによって、情報やノウハウが流れ、組織は優れた活動を展開することができる」という考え方だ。

協議会が果たした機能は、まさに「リワイヤリング」だった。各自治体がそれぞれバラバラに取り組んでいたものに「橋渡し」をし、「つなぎ直す」ことによって、より大きな価値もしくはまったく異なる価値へと変貌させる。

実際、富岡が五能線沿線の自治体に対して行ったヒアリングでは、「隣町の観光課でどんな活動をしているのか知らない」、「隣町の観光資源を訪ねたことがない」という声をよく耳にしたという。

沿線の隣町同士でありながら、相互の関心は低く、情報は遮断され、お互いに閉じてしまっていた。それぞれの自治体が孤立したまま努力をしても、大きな成果には結びつかない。その壁を取っ払ったのが、協議会だった。

協議会は「プロモーションは協同、施策は個別」という基本的な考え方を明確に打ち出している。

五能線の知名度を高め、魅力ある沿線、エリアにするためのプロモーション活動は協同で取り組む。しかし、個々の施策についてはそれぞれの自治体が自律的に動き、独自性の高い「観光メニュー」の開発に継続的に努力する。

協同と自律。協創と競争。自治体を「リワイヤリング」することによって、五能線の沿線価値は大きく高まっていった。

3　スローを楽しむ

スピードアップが主流の時代

なぜ五能線の人気はこれほどまでに高まったのか。秋田文社や地元自治体、沿線連絡協議会などによる地道な努力に加えて、私たちが置かれている時代背景も大きな要因のひとつである。

私たちはスピードアップの時代を生きている。仕事においても、生活においても、速いことが重視され、速いことに価値がある。

運輸業においても、速さの追求は絶対的に重要である。鉄道でも、スピードアップ競争が繰り広げられている。

２０１５年春に金沢に延伸された北陸新幹線は、東京〜金沢間を2時間半弱で結ぶ。金沢延伸以前は3時間50分かかっていたので、約1時間20分の短縮が実現した。

その効果は絶大だ。２０１５年のゴールデンウィークの北陸新幹線利用者は39

万人。2014年の同時期に特急列車を利用した人の数の3倍に達した。

スピードアップすることによって目的地が身近となり、「これほど近くなったのなら、行ってみようか」と食指を動かす。スピードアップの経済効果は明白である。

建設が進むリニア中央新幹線の時速は500キロに達する。現在の東海道新幹線の2倍近いスピードだ。東京~名古屋間をわずか40分で結ぶ。これによって、大都市間の人の流動が大きく変わる。

航空会社との競争も熾烈だ。更なるスピードアップを常に追求しなければ、鉄道を選択する人は間違いなく減る。

鉄道事業において、安全を担保した上でのスピードアップの追求は、経営の最大の命題のひとつである。

スローの価値

そんな時代環境の中で、五能線のようなスピードアップとは対極にあるローカル線が人気を博し、多くの人たちが訪れている。私たちはその現象をどう理解すればよいのだろうか。

神戸大学大学院の栗木契教授は、「『スピードの経済』が重要性を増す一方で、『スローダウンの経済』への関心が高まっている」と指摘する。つまり、スピードアップが価値を高めると同様に、「スピードを落とすこと、スローなことが顧客価値を高める」という現象が起きているのだ。

日常のスピードアップに追われる人たちが、非日常を求めて旅をする。目的地にはできるだけ早くたどり着きたいが、着いてからはスピードを低下させ、より多くの時間を非日常を楽しむために消費しようとする。

非日常を求める観光客にとっては、「遅い」「ゆっくり」はけっしてマイナスではなく、大きな価値になりうるのだ。スピードは日常だが、スローこそ非日常であり、贅沢なものなのである。

ＪＲ各社がスピードアップ競争の裏側で、ローカル線を活用した観光列車に力を入れるのは、消費者のこうしたニーズに基づいた取り組みである。

ローカル線の部分だけを切り出せば赤字でも、大都市から観光客が新幹線で長距離を移動してくれれば、トータルで見れば十分に採算がとれる。

こうした「スローの価値」を提供する先駆けとなったのが、五能線なのである。列車のスピードが遅い、列車の本数が少ない、停車時間が長い、待ち時間が長い。「スピードの経済」においてはマイナスでしかなかった要素が、「スローダウンの経済」においては大きな顧客価値となりうる。

ＪＲ東日本は、会社発足以来、新幹線ネットワークの拡大に力を注いできた。この新幹線ネットワークを活用するためには、観光需要の拡大が大きな経営課題である。五能線は路線単独で見れば赤字ローカル線だが、新幹線ネットワークの活用という観点から見れば、きわめて価値の高い路線なのである。

「スローダウンの経済」が機能するためには、より多くの時間を消費しようとする観光客に対して、時間消費に対する多様なメニューを提案をすることが不可欠だ。しかも、それはお仕着せのメニューではなく、観光客自らが「選択」することが大事になってくる。

秋田支社や五能線沿線連絡協議会が音頭を取り、沿線自治体が様々な「観光メニュー」を開発し、提案することによって、スローを楽しむ五能線の価値は格段に高まったのである。

無人駅も立派な観光資源

「遅い」と同様、「何もない」も価値となりうる。その具体例が、五能線沿線の無人駅である。

五能線には41の駅（東能代、川部を除く）があるが、その内の30が無人駅である。その中には、秘境駅として人気の高い駅がいくつもある。

その代表例が、驫《とどろ》木《き》駅（１３９ページに写真）だろう。馬という字を３つ重ねて「とどろき」と読む。波の音が轟き、３頭の馬が驚いたことが名前の由来だという。「驫」という字はこの辺りの地名以外には使われていない。

驫木駅は驚くほど海に近い。線路のすぐ目の前は日本海である。少しでも海が荒れたら、ホームにまで波しぶきが飛んできそうなほど近くに海がある。

波打ち際に立つ簡素な木造の無人駅——。その姿が旅情をかきたてる。映画やドラマなどにもたびたび登場し、青春18きっぷのポスターなどにも使われている。

驫木駅以外にも、難読駅がある。風合瀬駅は「かそせ」と読む。「三方向から吹く風がぶつかり合う場所」という意味がある。

艫作駅は「へなし」と読む。近くにある岬が、沖側から見ると船の「艫《とも》」（船の後部）に形が似ていることが、名前の由来だと言われている。

秘境駅は日本海岸沿いだけではない。能代市と八峰町の境界線近くにある鳥形《とりがた》駅は、田んぼの中にポツンと佇む「田園の秘境駅」として知られている。周囲には風を遮るものが一切なく、冬には地吹雪が吹きすさぶ原風景が現れる。

こうした秘境駅、難読駅の近辺には、何もない。にもかかわらず、鉄道ファンだけでなく、多くの観光客がこれらの無人駅を目指してやってくる。

観光客は日本の原風景を楽しみ、「何もない」という非日常を楽しむ。それも五能線の醍醐味のひとつである。

4 北東北を活性化させる

人気のストーブ列車

五能線の成功は、単なるひとつのローカル線の再生という成果に留まらない。そのインパクトは沿線からさらに広がり、北東北というより広い地域の活性化につながっている。また、地域の他のローカル鉄道にも波及効果、相乗効果をもたらしている。

たとえば、五能線沿線の五所川原駅からは、津軽半島内陸の津軽中里《つがるなかさと》駅とを結

驫木駅駅舎

ぶ津軽鉄道が走っている。総延長20・7㎞、計12駅の津軽鉄道は、1930年（昭和5年）に開業し、「おらどの鉄道」（津軽弁で「私たちの鉄道」の意味）として親しまれてきた。

かつて青森県内には、十和田観光電鉄、下北交通大畑《おおはた》線、南部縦貫《じゅうかん》鉄道など、個性的な私鉄が他にもあった。しかし、どれもが人口減少、過疎化の波に耐え切れず、廃線となった。今、残っているのは津軽鉄道と弘南鉄道だけである。

津軽半島は青森ヒバの産地として知られ、津軽鉄道は地域輸送とともに、材木などの貨物輸送路線として活躍した。

年間輸送人員は過去最も多かった1974年度には、約256万人を記録したが、それ以降じりじりと減少し、2010年度には31万人まで落ち込んだ。36年間で9割近く減少した。

三菱商事を退職して故郷・五所川原に戻り、悠々自適の暮らしをしていた澤田長二郎は、縁あって津軽鉄道の社長を引き受けた。澤田はこう語る。

「経営状態はとても厳しい。しかし、『ピンチこそチャンス』が商社時代からの信条だ。津軽鉄道は観光路線として生き残りを図っていく」

津軽鉄道は「ストーブ列車」として全国的に知られている。「ストーブ列車」の運行を開始したのは1930年冬。戦時中は物資欠乏のため中止したが、1947年から再開した。

車内にダルマストーブを設置し、車掌が自ら石炭をくべて車内を暖める。長年にわたって、津軽の風物詩として高い人気を誇っている。

夏には「風鈴列車」、秋には「鈴虫列車」などの工夫を凝らした列車を走らせている。観光客が多く集まる五所川原の「立佞武多」の時期には、「真夏のストーブ列車」という企画も行われている。

沿線の金木《かなぎ》駅には作家・太宰治ゆかりの「斜陽館《しゃようかん》」があり、人気が高い。建物は明治時代の地方の銀行建築で、国の重要文化財に指定されており、太宰ファンだけでなく多くの観光客が立ち寄る。

春には桜が有名だ。芦野《あしの》公園には2200本のソメイヨシノが咲き誇り、線路を覆うように広がる桜のトンネルは誰もが息を飲む美しさだ。

こうした自助努力と五能線とのシナジーによって、定期外の旅客数は確実に増加している。2008年度は15万3000人だったのが、2010年度には17万3000人と13％増加した。

収入ベースで見ると、定期外収入は全体の75％を占める。観光客の増加が津軽鉄道を支えている。

「ストーブ列車」「斜陽館」など独自の「観光メニュー」を持つ津軽鉄道とのシナジーが、津軽エリアにおける広域観光の魅力を高めている。

震災復興に寄与するローカル線

JR東日本も「リゾートしらかみ」に続く人気の観光列車を生み出し、観光の目玉にしようと動いている。「リゾートしらかみ」のように乗ることが目的の列車を走らせることによって、観光開発を進めることが目的だ。

新幹線という大動脈とローカル線という静脈が「リワイヤリング」されて、地域の価値が高まる。多様な魅力を持つ北東北という、より広いエリアでの広域観光が現実のものになっている。

盛岡支社は2010年12月の東北新幹線全線開業に合わせ、「リゾートあすなろ」の運行を開始した。これは新青森駅から下北半島、津軽半島へのアクセスに便利なリゾート列車だ。

現在、下北半島へ向かう列車は「リゾートあすなろ下北号」で、八戸駅（青い森鉄道経由）～大湊線の大湊駅を走る。[5] 神秘的な観光スポットと最果ての美しい海岸線が人気だ。

津軽半島へ向かう津軽線には「リゾートあすなろ竜飛号」が走る。「竜飛号」は新青森駅～三厩《みんまや》駅を走る。こちらも下北半島を見渡す海岸線が見どころだ。

車両は「リゾートしらかみ」と同型のハイブリッド気動車ＨＢ‐Ｅ３００系。ゆとりある回転式のリクライニングシート車と、運転台後部に展望室を配備した2両編成で運行されている。

「下北号」では「ほっかむり行商隊」が乗車し地元特産品のＰＲや販売を行い、「竜飛号」では津軽三味線の演奏を行い、旅を盛り上げてくれる。

ＪＲ八戸線では「ＴＯＨＯＫＵ　ＥＭＯＴＩＯＮ」（東北エモーション）が運行されている。そのコンセプトは「デザイン・食・アート」など新しい東北を発見・体験すること。三陸の海を眺めながら、お洒落なレストラン車両で東北の食材をふんだんに使った食事を楽しむことができる。

ＪＲ釜石線で運行されているのが「ＳＬ銀河」だ。１９４０年から山田線などでおよそ30年にわたって活躍したＣ58形蒸気機関車を復元し、花巻〜釜石間を走る。この蒸気機関車は岩手県営運動公園内の交通公園で保存されていたものを復元した。

牽引する旅客車は、釜石線沿線を舞台に描かれた宮沢賢治の「銀河鉄道の夜」を代表的なテーマとし、列車内は宮沢賢治が生きた大正から昭和の世界観を表現している。

「TOHOKU EMOTION」や「SL銀河」は観光利用の拡大による東北復興の支援と地域の活性化を目的としている。ローカル線を活かした観光列車、リゾート列車は震災復興にも寄与している。

進化は止まらない

2016年3月26日、北海道新幹線が開業した。これにより、東京~新函館北斗間が約4時間でつながった。開業に合わせて7月から9月まで開催される「青森県・函館デスティネーションキャンペーン(青函DC)」では「津軽海峡でつながる物語」をテーマに様々な取り組みが行われる。

首都圏と北海道が新幹線でつながることは、その間にある東北にとっても新たなチャンスである。キーワードは「インバウンド」「広域連携」だ。新たな「つながり」は東北全体にも恩恵をもたらす。秋田支社営業部長として観光開発の指揮をとる壬生祐克はこう語る。

「人口減少時代を迎え、観光で交流人口を拡大させることが地方創生の切り札だといわれている。しかし、訪日外国人観光客(インバウンド)誘客という点で

新型リゾートしらかみ「橅《ブナ》」編成
デザインは「KEN OKUYAMA DESIGN」（代表：奥山清行氏）が担当した

フードカウンター「ORAHO《おらほ》」

は、東北は他エリアから遅れをとっている。北海道新幹線開業や青函DCは大きなチャンスだ。外国人にとって県境は関係ない。広域周遊観光ルートを構築したり、東北全体が連携してより効果的なプロモーションに取り組む必要がある。秋田支社にとって五能線は大きな武器だ」

こうした新たな「つながり」を活かすためには、五能線の魅力そのものもさらにグレードアップしなくてはならない。過去と同じままでは、観光客にそっぽを向かれ、他の地域に観光客を奪われるだけである。

秋田支社は2016年7月、「リゾートしらかみ」の新型車両「橅《ブナ》」を「青森県・函館デスティネーションキャンペーン」に合わせて投入する。これは2003年に投入された「橅《ブナ》」の後継車両である。

新型車両はHB‐E300系のディーゼルハイブリッド車両だ。白神山地の神聖で神々しい空気感を「緑豊かな橅《ブナ》の葉とそこから溢れ出る優しい木漏れ日」で表現したデザインは、秋田新幹線E6系こまち車両やフェラーリなどのデザイナーとして知られる奥山清行氏が代表を務める「KEN OKUYAMA DESIGN」が担当した。

インテリアには沿線のシンボルである橅や杉などの木材を取り入れ、温かみのある内装を施す。新たに設置するフードカウンター「ＯＲＡＨＯ《おらほ》」では、地酒や白神山地の天然水で淹《い》れたコーヒー、沿線の「うまいもの」を提供するという新たな試みにも挑戦している。

１９９７年に手探りで運行を開始した「リゾートしらかみ」。使い古された「種車《たねぐるま》」を改造した車両からのスタートだった。

20年の時を経て、五能線と「リゾートしらかみ」は未来に向かってさらに進化しようとしている。

夏空のもと、海沿いを走る「青池」

第4章

AKITA Way

思い

2014年8月6日午前5時頃、吉形和士は一本の電話で飛び起きた。吉形が勤務するJR東日本秋田土木技術センターの同僚からの電話だった。

「五能線の落石検知装置が作動したので、現地確認に行ってもらいたい」という要請だった。吉形は直ちに現地に向かった。

しかし、その時は「装置に土砂が被さっている程度だろう」とそれほど深刻には考えていなかった。

岩館駅そばにある道の駅で、警察から呼び止められ、こう告げられた。「道路が土砂で塞がっていて、通行止めだ」。吉形の脳裏に、嫌な予感が走った。

吉形は急いだ。土砂降りの雨の中、線路を2kmほど歩き、ようやく現地に到着した。

現地の状況を目の当たりにした吉形は、「これはやばい!」と思わずつぶやいた。盛土が大規模に流出してしまい、約16mに渡って線路が宙ぶらりんの状態になっていたのだ（157ページに写真）。

見るも無残な状態を目にした吉形は、直ちにセンターに一報を入れようと試みた。しかし、草木の繁殖する斜面は電波の状態が悪く、携帯がつながらない。吉形は無我夢中で斜面を駆け下りた。そして、ようやくセンターに深刻な状況を報告した。


実は、被害があったのは、ここだけではなかった。五能線沿線の8ヶ所で路盤流出、護岸流出、土砂流入、線路冠水などの甚大な被害をもたらしていた。

前日の8月5日から、北海道から日本海北部を東西にのびる前線が北日本を南下していた。この前線に南から暖かく湿った空気が流れ込み、記録的な大雨をもたらしていた。

気象庁の深浦雨量計では、1時間に34㎜、1日86㎜の降雨を記録した。5日から8日までの4日間の総雨量は173・5㎜。平年の8月の雨量（165・2㎜）を超える大雨が4日間に集中した。

吉形が向かった岩館～大間越間は、最も甚大な被害を被った場所だった。線路山側にある集水桝《ます》が山からの土砂で埋まってしまい、そこから越流した沢水が大量の盛土を流出させたのだ。

被害の深刻さを知った誰もが、「復旧までには相当時間がかかる……」と危惧した。夏休み中でもあり、復旧に必要な資材をすぐに集めるのは容易なことではない。人手の確保はさらに頭が痛い問題だ。みんなが頭を抱えた。

しかし、なんとか早期に復旧させなければならないという強烈な思いも、みんなが抱いていた。

8月は最繁忙期。全国各地から五能線を楽しみに数多くの観光客が訪れる。そんなお客さまたちをがっかりさせてはならない。秋田支社、グループ会社、協力会社が一致団結して、早期復旧に向けて動き始めた。

秋田支社が立ち上げた対策本部は、すぐさま被害状況に関する詳細な情報を集めた。そして、最も被害の大きい岩館〜大間越間の復旧には、最低でも1ヶ月はかかることが判明した。

1ヶ月もかけるわけにはいかない。なんとか1日でも早く復旧させよう。現場の心はひとつになっていた。

作業員たちは一丸となり、お盆休み返上、昼夜兼行で懸命に作業を行った。JR東日本本社からも施工経験豊富な技術者が派遣された。

しかし、現場の状況は深刻さを増していた。当初は16mほどだった線路の宙づり状態が21mにまで拡大していた。土砂の流出が続いていたのだ。

そのため、やらなければならない作業量はさらに膨らんだ。狭くて高いところでの作業は、想定以上に時間がかかった。疲労困憊になりながらも、作業員たちは懸命に作業を続けた。

奮戦したのは、復旧工事現場の作業員たちだけではなかった。秋田支社は五能線を楽しみにしてきた観光客が、少しでも五能線や「リゾートしらかみ」を体験できるように、たとえ一部の区間だけであっても折り返し運転することを早期に決定した。

運転ができない箇所については、代行バスを走らせることを8月7日には決めた。そして、代行バスには列車の車掌が乗務し、「リゾートしらかみ」乗務時と

20×20

同様にバスの中で観光案内を行った。

当初、車掌たちは大きな不安を感じていた。バスでの案内は初めての経験だ。そしてなによりも、期待していた列車に乗れずにがっかりしている観光客とどう接したらよいのかがわからなかった。

しかし、そうした不安を観光客が払拭してくれた。東能代運輸区の車掌・山谷歩は、代行バスを降りる観光客にこう声を掛けられた。

「代行バスだと何も楽しみがないと思っていたけれど、色々な話が聞けてとてもよかったよ。復旧したら、絶対また来るからね」

その声に安堵した山谷の目に涙が光った。

バスに乗務した車掌たちは、鉄道以上に「お客さまとの距離の近さ」を肌で感じた。そして、五能線が不通だからこそ、その魅力を伝えようと懸命の努力を続けた。

こうした現場の努力が奇跡を起こした。最も困難を極めた岩館〜大間越間の復旧作業が8月29日に終了したのだ。当初は最短でも1ヶ月以上はかかると見られていた復旧工事だったが、なんと約3週間で終えることができた。

翌8月30日、五能線は全線で運転を再開した。夏を惜しむように走る五能線の姿を見て、復旧に携わった人たちは涙をぬぐった。

地元の人たちは、運転を再開した列車に向かって大きく手を振った。

五能線メモ

通常、案内要員としての代行バスへの乗務は駅社員または非現業部門からの応援の社員が担当する業務と位置付けられている。しかしこの時、駅は観光客の対応でごった返していた。運輸区の車掌たちは代行バスに乗務し、自発的に沿線の案内を行った。部門を超えた連携とチームワークが、苦境を乗り越える原動力となった。

20×20

1 オンリーワンを目指して

厳しい経営環境

五能線を管轄し、日本一の観光路線へと変貌させたのは、ＪＲ東日本秋田支社である。秋田支社の現場力があったからこそ、五能線は「奇跡のローカル線」と呼ばれる存在となった。

しかし、その秋田支社はけっして恵まれた支社ではない。自然環境の面でも、経営環境の面でも、最も厳しい支社である。

既に述べたように、秋田支社は収入ベースで見れば、ＪＲ東日本で一番小さな支社だ。全社の収入のわずか１％にすぎない。

にもかかわらず、その管轄エリアはとても広い。秋田市を中心とする中央地区、横手、大曲を中心とする県南地区、東能代、大館を中心とする県北地区、そして青森県の西半分、弘前、五所川原を中心とする津軽地区の４地区にまたがる６３５・１㎞の路線を管轄している。

岩館駅～大間越駅間で発生した土砂流出

ＪＲ東日本の総キロ数は７４５８㎞。収入ベースではわずか１％だが、キロ数で見れば約８・５％を占める。その位置付けはけっして小さくない。

しかも、これまで述べてきたように、大雪、強風など自然環境はきわめて厳しい。そうした中で、安全・安定輸送を守らなければならない。

管轄している路線は七つ。幹線は奥羽本線と羽越本線、そして五能線、田沢湖線、男鹿線、北上線、花輪線の計７線区である。

これだけ広範囲のエリアに１４２もの駅がある。しかし、それらすべてを足し合わせても１日あたりの乗車人員は約4万7000人。これは山手線の駒込駅とほぼ同数である。

秋田支社全体の乗車人員数が、都内の一駅と同じという現実。地方がいかに人口減少・流出、深刻な過疎に喘《あえ》いでいるかが、この数字だけで読み取れる。

観光路線として人気の高い五能線も、単独の収支で見れば厳しい状況であることに変わりはない。『徹底解析!! JR東日本』（洋泉社MOOK）によると、同社の路線別旅客運輸収入（営業キロ1kmあたり）ランキングで、五能線は全69路線中59位。

「リゾートしらかみ」の奮闘で改善はしているが、五能線とほぼ同じ営業キロを走る総武本線の約300分の1でしかない。これが都市部と地方の格差の現実である。

五能線以外の秋田支社管内のローカル線も、同様に採算は厳しい。男鹿線は45位、花輪線は61位、北上線は62位と、路線単独の収入だけで見れば底辺に張り付いている路線ばかりである。

地域に生きる

経営数字だけで見れば、とても厳しい状況にある秋田支社だが、それは秋田支社の一面にしかすぎない。実は、この支社はＪＲ東日本の中でも活性化し、元気な支社のひとつである。

地方の不採算支社がなぜ元気なのか。その理由は、ＪＲ東日本の「グループ経営構想Ｖ」を見ればわかる。

２０１２年に打ち出されたこのグループビジョンの中で、コンセプトワードとして打ち出されているのが、「地域に生きる。世界に伸びる。」である。「地域に生きる。」とは、公益企業として地域に根ざした経営をするということだ。企業として利益を確保することはもちろん大事なことだが、それと同等に地域を元気にすることがＪＲ東日本のミッションとして掲げられている。

そして、その思いは東日本大震災によってより一層強固なものになった。この震災によって、ＪＲ東日本も甚大な被害を受けたが、早期復旧に向け全社は一丸となった。

震災発生から49日目、東北新幹線が全線で運転を再開した４月29日、秋田新幹線「こまち」の下り一番列車を、地域の多くの人々が「おかえりなさい」と沿線で手を振って迎えた。震災は、社員たちが自分たちの仕事の使命や地域から寄せられる期待の大きさを実感し、再認識する機会にもなったのである。

鉄道会社の存立基盤が、健全で活力ある地域社会であることはいうまでもない。しかし、ＪＲ東日本が根ざす東日本エリア、特に地方はさまざまな課題に直面している。

地域の一員として、地域のあるべき未来を共に考え、元気な地域を築くために「ＪＲ東日本だからできること」を実行したい、というのが「地域に生きる」の意味だ。そして、秋田支社はまさにその橋頭堡《きょうとうほ》のひとつなのである。

２０１４年12月に秋田支社を訪れた冨田哲郎社長は、社員たちに向けた講演の中でこう述べている。

「少子高齢化や人口減少は、秋田だけでなく日本全体の問題だ。どこかが取り組まないといけない。秋田でできれば自信になる。秋田から日本をつくり変えるという気構えで頑張ってほしい。秋田支社には地方支社のお手本となってほしいと思っている」

経営トップの熱い思いを受け止めた秋田支社の社員たちは、生き残りのためだけではなく、「地方創生」のお手本を示そうとして日々奮闘している。それは単純な支社の枠組みにとどまらない、日本全体が抱える課題に挑戦しようという壮大な試みでもある。

秋田支社が売上高や利益で全社ナンバーワンになることはできない。しかし、オンリーワンの存在になることはできる。

経営数字的に見ればたとえ小さくても、他の支社の先駆けとなる新たな価値を生み出すことができれば、光り輝く存在になれる。それを証明することが、秋田支社の使命なのである。

「秋田発」のイノベーション

実際、秋田支社はこれまでにいくつもの秋田ならではのイノベーションを生み出してきた。イノベーションとは「新たな価値」の創造のことである。

「五能線」こそがその代表例である。廃止の危機までささやかれていた地方の赤字ローカル線を、観光路線として蘇らせた。

五能線が持つ潜在的な魅力を引き出し、単なる「地域の足」という生活路線から、まったく異なる価値を持つ魅力的な「商品」へと生まれ変わらせた。これはまさに鉄道事業におけるイノベーションそのものである。

岩木山を背に雪の中を進む「橅《ブナ》」

しらかみ

使い古された車両を改造する。沿線の自治体と連携し、新たな「観光メニュー」や独自サービスを次々に開発する。地に足の着いた観光開発を粘り強く展開する。こうした秋田支社の地道な取り組みが積み重なって、五能線は奇跡の復活を遂げた。

「リゾートしらかみ」の前身である「ノスタルジックビュートレイン」のオープン型眺望デッキは、JR東日本初の試みだった。「蜃気楼ダイヤ」や「サービス徐行」などの独自サービスも、それまでの鉄道の「常識」を覆す画期的な取り組みだった。

10以上もの自治体と一体となって、広域観光を実現させた五能線沿線連絡協議会の取り組みも、観光による地方活性化のお手本としてよく知られている。

五能線は現場発の小さな知恵の積み重ねによって生み出された「新たな価値」に他ならない。

今でこそ趣向を凝らした観光列車が日本全国を走る。しかし、その先駆けとなったのが、まさに五能線なのだ。

世界に広がる「エアージェット」

秋田支社が生み出したイノベーションは、五能線だけではない。技術的なイノベーションの代表例は、「空気噴射式除雪装置」。通称「エアージェット」と呼ばれている。

これは線路のポイント部に介在する列車から落ちた雪を、空気を用いて「吹き飛ばす」装置である。１９９１年に開発が始まり、８年もの年月をかけ、１９９９年に大曲駅で初めて設置された。

従来、雪は熱を用いて「融かす」というのが常識的な発想だった。温水を高圧噴射して雪を融かしたり、電気でレールを加熱して雪を融かすなどの方策がとられていた。

しかし、温水を使用する方式は、人手による給水が必要であることや、噴射した温水が凍結し、再びポイント部に介在してしまうという課題があった。

秋田支社管内では、毎年、雪による列車の遅れが２００件ほど発生していたが、その原因の60％はポイント部分のレールとレールの間に雪が挟まってポイントの切り換えができなくなる「ポイント不転換」だった。

当時、秋田機械技術センターで「エアージェット」の開発を主導した伊藤薫はこう語る。

「従来の『融かす』という発想のままでは、状況を打開することはできなかった。まったく新しい発想が必要だった」

試行錯誤の結果生まれたのが、空気で雪を「吹き飛ばす」という斬新な発想だった。コンプレッサーで圧縮した空気を、レールに取り付けたノズルから噴射することによって、雪を「吹き飛ばす」仕組みである。

空気であれば空中に無限にあるため補給が不要であり、何回でも噴射することができる。しかも、圧縮された空気の威力はとても強力で、温水以上の大きな効果を上げることができる。

しかし、実際の開発は困難の連続だった。伊藤と共に開発に携わった田中学はこう振り返る。

「空気で雪を『吹き飛ばす』という発想自体前例がないので、手探りで進めるしかなかった。アイデアを思いついたらまずやってみて、そこから学習してまた新たなアイデアを出す。その繰り返しだった」

エアージェットの空気噴射ノズル

エアージェットが噴射する様子

空気を噴射するノズルを取り付けるためには、ポイント部の基本レールに穴を開けなければならない。また、ノズルを薄型化して、基本レールと可動レールの密着した隙間に収めなくてはならない。いずれも難題だった。特に、レールに穴を開けることについて、レールを管理する保線部門には大きな抵抗感があった。

伊藤や田中たちは保線部門との議論やフィールド試験を繰り返した。取り付け穴によるレールへの影響も十分に検証する必要があった。開発陣はこうした前例のない難題に挑み、苦戦しながらも、一歩一歩前に進んでいった。

当時、秋田支社工務部長として「エアージェット」の実現に力を尽くした佐々木喜功はこう振り返る。

「秋田新幹線開業を控えて、秋田支社の設備部門としては『こまち』を時間どおりに東京に送り届けるために『エアージェット』を実用化したいと必死だった。最後は、本社設備部長だった須田征男さん（現・JR北海道会長）に大曲に来てもらって実験をした。実験はうまくいかなかったが、須田さんが帰り際に『佐々木君、エアージェットやろうじゃないか』といってくれた時は、涙が出るほど嬉しかった」

苦労の末に開発した「エアージェット」の効果は絶大だった。現在、秋田支社管内18駅71ポイント、他支社も含めると51駅１７９ポイントに導入され、今後、支社管内すべての装置を「エアージェット」に転換する計画だ。また、３月に開業した北海道新幹線でも７駅25ポイントに導入されている。

現在、秋田支社機械設備センターで「エアージェット」を進化させるための開発に取り組む齋藤友美はこう語る。

「大事なのは、困難が立ちはだかっても、逃げずに怯《ひる》まずにぶつかっていく強い思いだと思う。当時苦労された先輩たちの思いを引き継いで、秋田らしさを出していきたい」

「エアージェット」は特許を取得し、フィンランド、スウェーデン、オランダ、イタリアに設備が輸出されている。まさに、「秋田発」のイノベーションが海外でも活躍している。設備部企画課長の安藤政人は未来を見据えてこう語る。

「たとえ小さな支社であっても、独自のイノベーションを生み出すことができる。いや、小さくて苦労している支社だからこそ、知恵を絞り、創意工夫を積み重ね、それがイノベーションにつながる」

「革新は辺境から生まれる」ことを、秋田支社は証明している。

2 AKITA Wayとは何か

独自の「土壌」こそが宝

2016年6月まで秋田支社長（執行役員）を務めた白石敏男は、2014年6月に支社長に就任した。白石は2004年から総務部長として秋田で勤務した経験がある。8年ぶりの秋田への復帰だった。

支社全体を統括する立場として復帰した白石が、心から嬉しく感じたことがある。それは「支社のみんながＡＫＩＴＡ Ｗａｙを大事にしてくれている」ことだった。

実は、ＡＫＩＴＡ Ｗａｙという考え方をとりまとめ、打ち出したのは、白石の四代前の支社長だった横山裕司だ。当時、白石は総務部長として横山をサポートする立場だった。

秋田支社には以前から明文化こそされていなかったが、長年培われてきた独自の風土・文化があった。人口減少、過疎化、高齢化に苦しむ地方の小さな支社。とてつもなく厳しい自然環境。こうした外部環境の中で生き残り、存在感を発揮するために培ってきた独自の「土壌」が秋田支社にはあった。

そうした「土壌」は歴代の支社長たちがリードし、支社全員で耕してきたかけがえのない宝だ。

五能線の観光路線への転換を模索した長岡弘。現場第一線とのコミュニケーションに心を砕いた植田哲也。「リゾートしらかみ」を生み出した志村謙一。「蜃気楼ダイヤ」などユニークな施策を展開した上野文雄。そうした秋田支社の「魂」を再度掘り起こし、明文化し、今一度浸透させることが、秋田の未来を切り拓くためには絶対に不可欠だと横山は考えた。

横山は前任の支社長だった塚本正雄が打ち出した「アタックス」（ATACS）を受け継ぎ、さらに進化させたいと考えた。「アタックス」は2001年から開始された変革プロジェクトで、古いしがらみを断ち切り、仕事を変革し、仕事の新しい仕組みを構築することを目的として展開され、多くの成果を上げていた。

危機感をバネに新しいことに挑戦し続けるというこれまでの秋田支社の遺伝子を受け継ぎ、さらに進化を遂げるにはどうしたらよいのか。支社幹部の間で熱い議論が繰り返された。当時、安全対策室長だった湊隆和はこう振り返る。

「最初に田沢湖で部長クラスが集まって合宿をした。2年目はわれわれ課長クラスも加わり、議論の輪が広がった。秋田支社が本当に大事にしなければならないものとは何なのか、腹を割って本音で話した」

そうした熱い議論の末まとまったものが、AKITA Wayだった。

そのAKITA Wayを白石が不在だった8年もの間、秋田支社の仲間たちは大事にし、実践してきた。白石はそれがなにより嬉しかった。

価値観を共有する組織は強い

秋田支社の社員数は約２５００人。ＡＫＩＴＡ Ｗａｙは秋田支社で働く人たちの共通の価値観であり、精神的支柱である。

実は、白石が２００６年に秋田を離れた後、支社内では「ＡＫＩＴＡ Ｗａｙはもういいのでは？」という声も上がった。しかし、ＡＫＩＴＡ Ｗａｙの考え方をまとめる議論に参加した秋田生え抜きの課長たちから「これは秋田支社の存在意義そのものだ」という意見が数多く出され、その考え方はずっと大事にされてきた。

秋田支社で働くすべての人たちが共感し、実践するＡＫＩＴＡ Ｗａｙは、次のような考え方で構成されている。

・一人ひとりの社員が、安全やサービス等の問題に敏感に気づき、改善に向けて自ら考え行動する。
・組織の壁を越えて、支社全体で現場第一線の問題に真摯に向き合う。
・現状に満足し肯定するのではなく、困難を乗り越えて、知恵と工夫で変えていく。

・その結果として創造される、オンリーワンの新しい価値や仕事のやり方がＡＫＩＴＡ Ｗａｙである。

秋田支社には潤沢な資産やすごい技術があるわけではない。飛び抜けた力を持つスーパースターがいるわけでもない。

そんな〝普通〟の支社が際立つ存在となるためには、支社で働く全員がその持てる力を存分に発揮し、ひとつのチームとして、ひとつの組織として新たなことに挑戦し続けるしかない。そうした覚悟、意志を持ち、日々実践することがＡＫＩＴＡ Ｗａｙに他ならない。運輸部長の椎名成美は、これまで秋田運輸区など現場第一線の職場で社員たちを盛り上げてきた経験から次のように話す。

「誰かの命令や指示で動くのではなく、一人ひとりが自らの意志で動き出す。そのために、常に感度を磨き、現場ならではの気づきを活かす。こうしたボトムアップの動きこそがＡＫＩＴＡ Ｗａｙであり、『秋田発』のイノベーションはそこから生まれている」

秋田支社の泥臭い現場力は、ＡＫＩＴＡ Ｗａｙという共通の価値観によって支えられているのだ。

何もやらない、何も変えないことが最も怖い

ＡＫＩＴＡ Ｗａｙという共通の価値観を大切にすることの必要性を、白石はこう力説する。

「秋田支社を取り巻く環境は確かに大変厳しい。でも、本当に怖いのは経営環境が厳しいことではない。そのことに悲観して、何もやらない、何も変えないことが最も怖いことなのだ」

だから、白石は「弱み」は見方を変えれば、いくらでも「強み」に変えられると社員たちを鼓舞する。

たとえば、秋田は東京から遠い。しかし、遠いからこそ五能線は新幹線ネットワークをフルに利用して、多くの人々が首都圏からわざわざ乗りに来る価値の高

い線区になる。首都圏のように通勤・通学などのお客さまの数は多くない。だからこそ何万円も使っていただく観光のお客さまを相手に手厚いサービスを考え、工夫することができる。

厳しい自然環境は鉄道の大きなリスクになるし、コストも嵩《かさ》む。しかし、だからこそ秋田支社ならではの安全に対する創意工夫につながり、魅力的な観光資源にもなりうる。

秋田支社内部に目を向けても、「弱み」は多い。たとえば、秋田支社は他の支社に比べ、規模が小さい。しかし、だからこそ幹部でも現場第一線に立つ社員一人ひとりの顔を思い浮かべながら、施策を考えることができる。

また、秋田支社は他の支社に比べて50歳以上のベテラン社員の割合が多い。国鉄改革前後の採用中断の影響で、年齢構成に大きな歪みがある。技術継承や仕事のやり方の変革は急務だ。

だからこそ、社員たちの危機感は大きい。世代交代の必要性を自覚し、切羽詰まっているので、変化を厭わないし、恐れない。

企画室で支社の年次経営計画づくりを担当する有谷浩は、秋田支社の置かれている状況を「コップ半分の水」に喩《たと》える。「もう半分しかない」とネガティブに考えるのではなく、「まだ半分もある」とポジティブに考えようと強調する。

私が秋田支社で出会った人たちは、誰もがみんな前向きだった。危機感は持っているが、けっして悲観的ではない。こうした姿勢こそが秋田支社を根っこで支えている。

総務部長の塩原敬は、秋田支社の役割を社員にこう語りかける。

「秋田は『課題先進支社』であり、放っておけば『お荷物』だ。でも、12支社の中で最初に問題が顕在化するというのは、実は『先頭ランナー』ということ。小さくて小回りが利く秋田支社だからこそ、色々なことにチャレンジして突破口を開くことができる。他が真似のできないことをやる。それこそが秋田支社の役割なのだ」

シングルヒットを積み重ねる

秋田支社では、AKITA Wayを実践するための「8つの行動指針」を打ち出し、社員たちに日々の業務の中での具体的なアクションを促している。

AKITA Wayの実践は、現場第一線の一つひとつの問題に真摯《しんし》に向き合うことから始まる。足元にある現実の問題を直視し、そこから打開策を考え、実行することが何より大事である。

白石は社員たちに「逆転満塁ホームラン」は求めない。それよりも、「シングルヒット」を重視し、それを積み重ねていくことがＡＫＩＴＡ Ｗａｙであると繰り返し説く。

実際、五能線が「奇跡のローカル線」と呼ばれるようになったのも、海外でも高く評価される「エアージェット」が生まれたのも、現場のちょっとした「気づき」から始まった。

その「気づき」を起点に、現場で試行錯誤しながら改善を繰り返し、新たなアイデアを出し続け、実行してきたからこそ生まれたイノベーションに他ならない。「シングルヒット」の価値を白石はこう説明する。

「秋田支社で働く２５００人の社員みんなが『シングルヒット』を打ったら、とてつもなく大きな価値になる。どんなにどでかい『ホームラン』でも、『２５００本のシングルヒット』にはは絶対にかなわない」

「AKITA Way」８つの指針

1 お客さま視点
感性を磨き、「自分がお客さまだったら、どう感じ、どうして欲しいか」と考え行動しましょう

2 「気づき」（真実の瞬間）
「問題は改善のタネ」と考え、現場の問題に正面から向き合いましょう

3 真の原因の究明
「なぜ」を５回繰り返し、問題を深く掘り下げ、根本的な原因を探りましょう

4 当事者意識
「それは他人の課題」とは考えず、自分の課題として受け止め、自分から行動しましょう

5 「見える化」と「共通認識」
仕事上のあらゆるものを「見える」ようにし、みんなが同じ認識をもてるようにしましょう

6 「納得」と「共感」
相手の考えを理解し、自分の考えを理解してもらい、組織の壁を乗り越えましょう

7 未来志向の現状否定
「今のやり方でいいか」「もっと良いやり方が」という視点をもち、知恵と工夫で変えていきましょう

8 「真のプロ」意識
社会の一員であることを意識し、「鉄道人」であることに、使命感と誇りをもち、行動しましょう

安全にしても、お客さまサービスにしても、コスト削減にしても、改善の「芽」は現場第一線にある。その「芽」を大切にし、現場の知恵で深め、拡げることによって、結果としてイノベーションが生まれる。そうした取り組みをコツコツと愚直に続けることこそがＡＫＩＴＡ Ｗａｙなのである。

規律と自由の両立

とはいえ、鉄道事業において現場のアイデアを活かしながら改善を進め、そうした活動を定着させるというのは、口でいうほど容易《たやす》いことではない。むしろ、本質的には鉄道事業のような公共性の高い事業においては、改善や創意工夫は馴染まない。

鉄道において何より大事なのは、「規律」である。ルールや約束事を遵守し、マニュアルに沿って決められたことをきちんと行い、徹底させる。それができなければ、鉄道の安全・安定輸送は実現できない。

鉄道事業には法令も含め、守らなければならない約束事がきわめて多い。一人ひとりの鉄道マンが規律を守り、組織として統制がとれているからこそ、日本の鉄道は圧倒的な信頼感を勝ち得ている。

しかし、安全対策部門を長く経験した運輸部企画課長の佐藤光は、一方でこう指摘する。

「規律は時として人を保守的、受身的にさせる。『守る』ことだけが絶対的な命題となり、『守ってさえいれば、それでいい』という意識が芽生えるリスクがある」

たとえ決められたルールやマニュアルが現実に則していなくても、現実ではなくルールの方を重んじる。規律に縛られ、規律がすべてとなり、やがて現場は思考停止状態となる。これは経営においてとても大きなリスクだ。

だからこそ、規律を徹底させる一方で、現場に「自由」を与え、現実にそぐわないものを改善したり、新たなことに挑戦するように仕向けていかなければならない。

安全を損なわないという大前提の中で、現場の自由度を高め、現場の創造性を活かすことが鉄道経営にも求められている。「規律と自由の両立」こそが現場力の根幹である。

運転士や車掌が「なまはげ」に

ＡＫＩＴＡ Ｗａｙを体現する代表選手が、東能代運輸区だ。運輸区とは運転士、車掌という乗務員が所属する鉄道現場の要の組織である。

秋田支社には五つの運輸区がある。東能代運輸区は約50人の乗務員を抱える比較的小さな組織である。彼らが主に乗務する路線が五能線である。

区長の小林武彦は「東能代運輸区の乗務員たちの仕事ぶりは、一般的な運転士や車掌のイメージとは大きくかけ離れている」という。

たとえば、「リゾートしらかみ」ではたびたび「なまはげ」が登場する。当初は車内に登場したが、今では駅に現れ、観光客をお出迎えする。

その「なまはげ」役を演じているのが、なんと東能代運輸区所属の運転士や車掌たちである。しかも若手社員だけでなく、ベテラン乗務員も積極的に参加する。このサービスは観光客に大好評で、毎回たちまちのうちに記念撮影の列ができる。

このサービスは、東能代運輸区の新人車掌だった伏見拓人の提案で始まった。伏見はその時の思いをこう語る。

「お客さまアンケートを読んでいたら、青森県側では三味線や民謡などのイベントがあるのに、秋田県側には車内イベントがないのは寂しいという声があった。これは何かしなければと思い、『なまはげ』というアイデアにたどり着いた」

運転士や車掌が扮する「なまはげ」

しかし、その実現は簡単ではなかった。伏見は「なまはげ」の本場である男鹿の観光協会に相談したが、色良い返事はもらえなかった。

挫けそうになっている伏見を見て、当時副区長だった郡司聡は「支社さ、なまはげの衣装あったはずだ。そいどこ自分がだで着てやってみれ」と背中を押した。

それでも逡巡する伏見に、郡司はこう活を入れた。

「まず、やってみれ！　やねばわがらね！」

若手社員の思いから始まった「なまはげ」は観光客に大好評で、「リゾートしらかみ」の新たな「名物」になりつつある。

東能代運輸区のユニークな取り組みは「なまはげ」だけではない。「リゾートしらかみ」にはクリアファイルに収められた『五能線ガイドブック』が搭載されている。五能線に関する情報満載のこのガイドブックを作成しているのも、加藤聡、佐々木惇貴、齋藤由紀など東能代運輸区の社員たちである。このガイドブックは持ち出し厳禁の車内限定なのだが、1年間に600冊も持っていかれてしまうほどの〝人気〟だ。

家族連れの観光客が多い夏休みに、子供たち向けに「しらかみ3兄弟」の塗り絵を用意したり、五能線の絶景ポイントの清掃を呼び掛け、「五能線クリーンアップ大作戦」を主催しているのも東能代運輸区である。

運転士や車掌たちが、観光客に楽しんでもらうために、乗務以外の仕事を自分たちで創り出し、五能線を盛り上げようと努力する。これこそがＡＫＩＴＡ Ｗａｙの実践だ。

こうした活動の起点になっているのが、「お客さまの声」である。東能代運輸区では「リゾートしらかみ」に乗車するお客さまを対象にアンケートを実施している。その数は1年間で3000件にも達する。

区長の小林は「『クリーンアップ大作戦』も『せっかくの絶景ポイントなのにゴミが目立つ』というお客さまの声をもとに活動が始まった。お客さまの声がすべての起点だ」と語る。

お客さまの声に耳を傾け、現場が自律的に動き、新たな価値を生み出す。現場の「圧倒的な当事者意識」こそが、AKITA Wayの推進エンジンなのである。

3　AKITA Wayの実践

意欲を行動へとかき立てる「マイプロ」

もちろんAKITA Wayを実践しているのは、東能代運輸区だけではない。「圧倒的な当事者意識」は支社全体に広がり、具体的なアクションにつながっている。

そのためのツールとして活用されているのが、「Ｍｙ Ｐｒｏｊｅｃｔ」、通称「マイプロ」だ。

「マイプロ」はＪＲ東日本全社で展開されている社員育成プログラムだ。秋田支社では「マイプロ」をＡＫＩＴＡ Ｗａｙの具体的な実践ツールとして位置付け、効果的に活用している。

「マイプロ」は社員が興味、関心を持っている「やりたいこと」を仕事として実現できる「場」として位置付けられている。研修などのオフサイトの人材育成ではなく、あくまでも仕事を通じて（オンサイト）社員の意欲を伸ばし、成長を促すための仕掛けだ。

第2章で紹介した「リゾートしらかみ」のキャラクター開発や本章で紹介した「なまはげ」のイベント開催も、「マイプロ」として取り組まれた。

ＪＲ東日本では20年以上にわたって「小集団活動」が行われてきた。その精神を引き継ぎ、２０１１年にスタートしたのが「マイプロ」である。

「マイプロ」には3つの特徴がある。ひとつ目の特徴は、「社員一人ひとりの発意からスタートする」ことである。

取り組む「テーマ」は何でもいい。安全に関するテーマ、お客さまサービスに関するテーマなど、社員の「気づき」が起点となって、行動に結びつける橋渡しをするのが「マイプロ」である。

二つ目の特徴は、「手法は自由、プロセスを重視する」ことである。形式ばった取り組みではなく、やり方も自分たちで工夫する。大事なのは、実践のプロセスでの様々な体験を通じて学習することである。

そして、三つ目の特徴は「社員の成長こそが成果である」と位置付けられていることである。目に見える成果を出すことは大事だが、それが行き過ぎると、成果を出すことだけに目が行ってしまう。たとえ失敗してもそのプロセスを通じて個の成長が達成されれば、それこそが最も重要な成果である。

実践する上で資金が必要な場合には、その目的や使途によって社内の費用を使うことも可能だ。しかし、ただ単に「こういうことをやりたいから、予算をつけてほしい」というのでは通らない。

大事なのは、取り組む社員たちがどれほど知恵を絞り、熱く取り組んでいるかだ。秋田支社で「マイプロ」推進事務局を担当する人事課長の長谷川弘幸はこう強調する。

「大事なのは、自分たちでドンドンやってみて、周りの人たちにその『熱さ』を伝えていくことだ」

「マイプロ」は「行動する秋田支社」の実践ツールとして効果的に機能している。

マイプロの事例① 他部署と連携する安全対策

「マイプロ」ではどのような取り組みが行われているのか。四つの具体事例を見ていこう。

東能代保線技術センターでは、「五能線に乗車されたお客さまから〝揺れる〟という苦情がある」という報告を何回か東能代運輸区から受けていた。

しかし、保線に携わる社員たちは、当初それほど真剣には受け止めていなかった。野呂精司はこう述懐する。

「線路の整備は優先順位を付けて、きっちり行っている。五能線は線路の構造上、ある程度揺れるのは仕方がないとみんな思っていた」

ところが、お客さまからのアンケートに「駅を通過する際に、列車の揺れで車内移動中に転びそうになった」という声が寄せられた。保線の社員たちは事態の深刻さを認識し、「これはまずい。早急に対策が必要だ」と「マイプロ」を立ち上げた。プロジェクトは保線技術センターの社員と運輸区の乗務員が合同で調査することから始まった。

実際に「リゾートしらかみ」の先頭部に乗ってみると、揺れはそれほどでもなく、危険度は低いと思われた。

しかし、車掌が乗車する後部運転台に乗ってみて、保線社員たちは驚いた。列車の先頭部と後部では揺れの大きさが明らかに違い、いくつかの箇所では揺れを大きく感じたのだ。山谷欽郎はこう振り返る。

「お客さまの目線に立って揺れの調査を行うと、確かに揺れを感じる。これは対策が必要だと痛感した」

保線技術センターは線路の追加工事の実施を決定し、直ちに工事に取り掛かった。機械を使って線路部を突き固め、継目箇所には緩衝材を挿入するなどの対策が施された。

その結果、「乗り心地が格段によくなった」という声が乗務員から届けられた。東能代運輸区の運転士・渡部徳彦はこう語る。

「保線技術センターと運輸区が一緒になって、お客さまの乗り心地向上のために何ができるかを考え、行動したことが成果につながった。今では定期的に合同会議を開催している」

保線社員と乗務員との協働は、それだけではない。線路の脇には駅が近づいていることを知らせる「停車場接近標」が設置されている。しかし、それが生い茂る雑草木のせいで見えないという声が運転士から上がっていた。

雑草木の処理は定期的に行ってはいたが、場所によってはちょっとした雑草木が接近票を隠してしまうこともある。しかし、地上で仕事をする保線社員は運転士とは目線が異なる。そこで、保線技術センターは列車の運転台に添乗して運転

旧・土崎工場（現・秋田総合車両センター）の煉瓦の建物
1908年建設、空襲や震災にも耐えた

士と同じ目線で見た時に、雑草木がどの程度影響しているのかを調査した。そして、影響を与えそうな箇所には防草シートを敷設することを決定した。

東能代保線技術センター所長の小林守はいう。

「保線技術センターの社員たちは、『保線のプロ』だ。しかし、たとえプロでも、一職場だけで鉄道の安全を守ることはできない」

他部署の声に真摯に耳を傾けることができることこそが、真のプロの証である。保線技術センターと運輸区との連携は、五能線の安全輸送を担保する重要な要素のひとつになっている。

マイプロの事例② ベテランのノウハウを継承する

現場での技術継承においても、「マイプロ」は有効活用されている。秋田総合車両センターは旧・土崎工場（191ページに写真）時代から高い技術・技能を誇る職人集団の工場として知られている。

しかし、ここにも世代交代の波が押し寄せている。経験豊富なベテラン社員から若手社員へのノウハウの継承が大きな課題となっている。

たとえば、車体の機器の着脱を担当する車体科では701系電車オイルダンパの割ピン割り作業において、「作業がしづらく、危険で、時間がかかる」という声が上がっていた。オイルダンパとは油の粘性を利用して、衝撃や振動をやわらげる装置である。鉄道の列車以外に、自動車や航空機などでも使われている。

この作業は頭上で行うが、そのスペースは狭く、工具が落下する危険もあった。ベテラン社員はコツを会得しており、安全に効率よく作業を行うが、若手社員は難しい作業を時間をかけて行わざるをえなかった。三浦大輔は当時の状況をこう振り返る。

「『昔からこうやっている』という考え方が固定化し、マンネリに陥っていた。作業がやりづらいにもかかわらず、それが当たり前だと思っていた」

経験の浅い若手社員が声を上げ、ベテラン社員と若手社員がチームを組み、「マイプロ」を立ち上げた。具体的には、ピンを押さえるための専用治具を開発することになった。

しかし、そのプロセスは容易ではなかった。治具を考案し作ったものの、不安定だったり、大きな握力が必要だったりと使い勝手が悪い。何度も改良を繰り返した。

そして、４回目でようやく満足する治具が完成した。今では、経験の浅い新人でも安全かつ効率的にこの作業を行えるようになった。

安全に関する技術継承も「マイプロ」を通じて行われている。部品科では安全教材として「制輪子落下装置」を製作した。

制輪子とはブレーキ装置の一部で、対象とする物体に押し当てて摩擦によって制動力を得る部品である。過去に、重さ17kgもある制輪子を交換する際に、誤って落下させ、骨折するという労働災害が発生していた。

この災害を教訓とするためには、制輪子が落下したらどの程度の衝撃があるのかを、経験の浅い社員たちに体感させる必要がある。そのために、落下の怖さを知らしめる装置を製作したのだ。「マイプロ」を推進した金野認はこう振り返る。

「技能教習所開所に向け、過去の労働災害事例をもとに、見て、経験して、学べる安全教材をつくりたいと思っていた。いくつもの失敗を繰り返し、メンバー全員で意見を交わし、完成した時はみんなで喜び合った」

秋田総合車両センター所長の佐藤隆はこう語る。

「安全は座学や知識だけでは担保できない。落下がいかに恐ろしいものかを体感する教材を作ることによって、危険を肌で感じることができる」

こうした安全教材を自ら手作りすることで、安全意識が高まり、労働災害の未然防止に活きている。

マイプロの事例③　秋田駅を明るく目立たせる

ライトアップされた秋田駅の看板

「マイプロ」の活用は技術、技能の分野だけではない。お客さまとの接点である駅においても、「マイプロ」による問題解決が行われている。

たとえば、秋田駅は秋田電力技術センターと協力して、「秋田駅を明るく目立つようにする」というプロジェクトを立ち上げた。

秋田駅には以前から「駅名看板が暗く、何の建物かわからない」というお客さまの声が寄せられていた。秋田駅西口は正面口であるにもかかわらず、看板照明が設置されていなかった。

以前にも照明設備を設置しようとする動きはあった。しかし、設置する箇所は秋田市財産の自由通路であり、秋田市の了解を取り付ける必要があった。その調整が不調に終わり、立ち消えになっていた。

今回はなんとか照明設備設置を実現させ、秋田駅の印象を明るいものにしたい。「マイプロ」チームは気合いを入れて、取り組んだ。

最大の課題は、発電装置の設置場所だった。当初想定していた設置場所は、構造上設置できないことがわかったのだ。

他の候補先を探し、何度も現場確認をしながら比較検討を行った。配線が可能かどうか、コスト面はどうかなどの綿密な検討が行われた。

看板を明るくするための技術的な検討も重要だった。いくつかの選択肢の中から、太陽光発電＋LED照明でいくことが決定した。

数々の難題を乗り越え、駅名看板照明設備は完成した。多くのお客さまから「明るくなったね」「秋田駅の印象が全然違う」という声が寄せられた。メンバーのひとり、高橋賢はこう振り返る。

「駅社員の発案から始まったが、技術的なサポートが不可欠だとわかり、秋田電力技術センターとの合同プロジェクトにこぎつけた。系統を超えた連携の重要性を肌で感じた」

後日、この「マイプロ」は秋田朝日放送で取り上げられた。プロジェクトの発足から点灯式までのストーリーがテレビで放映され、大きな注目を集めた。

マイプロの事例④　駅で待つ小学生のために机を設置する

「マイプロ」は秋田駅での駅名看板照明設備設置のような大がかりなプロジェクトである必要はない。むしろそれぞれの現場の足元の問題を現場第一線の社員自らが解決に動き、改善に向け取り組むことが「マイプロ」本来の狙いである。

秋田電力技術センター弘前メンテナンスセンターが取り組んだ「マイプロ」は、実にほのぼのとするエピソードだ。

原田北斗は五能線陸奥森田駅の待合室で、何人かの小学生が列車の待ち時間にベンチを机代わりにして、床にひざまずいて勉強する光景に気づいた。駅から5分ほどの小学校に通う小学生たちだが、隣駅の中田駅から通っている。

1、2年生はスクールバスを利用しているのだが、3～6年生は列車を利用している。その中の何人かがいつも冷たい床にひざまずき、ベンチを机代わりに宿題などをしているのだ。その姿を見た原田はこう思った。

「ひゃっけい床さひざっこついで勉強してるなんておがかわいそうだ。なんとかしてなぁ【6】」

原田は「マイプロ」を立ち上げようと思い立った。陸奥森田駅の委託社員に実情を確認し、実際に利用している小学生からも話を聞いた。

そして、小学生たちに合うサイズの机がないかをほうぼうにあたった。すると、浪岡駅の休憩所にちょうどよいサイズの机があることがわかった。それは弘前保線技術センターの備品だったので、早速交渉し、承諾をもらった。

陸奥森田駅を管理する五所川原駅からも許可をもらい、机を設置した。机は動かないように四隅を固定し、弘前の桜をイメージしたテーブルカバーを敷いた。

後日、小学校の校長先生からお礼の電話があった。本来なら義務教育なのでスクールバスで通学させるべきなのだが、バスが足りないため3~6年生は列車で通学してもらっている。その小学生たちに対する暖かい配慮に感謝しているとい

駅の椅子を使って勉強する子どもたち

設置した机で勉強中

う内容だった。原田はこう振り返る。

「小学生たちも喜んでいると校長先生から聞き、とても嬉しく思った。電力技術センターは普段、お客さまと直接接することが少ない職場だ。でも、自分たちもお客さまのサービス向上に役立つことができるんだと実感した」

「マイプロ」に取り組むことによって、現場第一線で働く社員の意識と行動は確実に変化している。

4 秋田は「人」で勝負する

制約は糧なり

秋田支社はなぜこれほどまでに「マイプロ」に力を注いでいるのか。その理由を「マイプロ」推進事務局を統括する塩原はこう言い切る。

「秋田支社には潤沢な経営資源はない。だからこそ、知恵と創意工夫を生み出す『人』という財産が最も大切なのだ」

秋田支社は人の意欲と知恵で勝負しようとしている。だからこそ、「マイプロ」をツールとしてフルに活用し、自ら知恵を出し、汗をかく人材の育成に本気で取り組んでいるのだ。

秋田支社は経営資源という面で見ればけっして恵まれた支社ではない。しかし、カネやモノに限りがあるのであれば、人で勝負する。人が生み出す知恵と創意工夫は無限だと考え、取り組んできた。五能線や「エアージェット」は、人で勝負してきた秋田支社ならではのイノベーションだった。

秋田支社は日本という国の「縮図」でもある。極東の小さな島国で、天然資源には恵まれず、地震や台風、津波などの自然災害も多い。「制約」だらけの国である。

その日本が世界の中で存在感を示すためには、その「制約」を「糧」とすることがなにより大切である。

小さく、狭い国土だからこそ、「コンパクト」化するための精密技術が発展した。天然資源がないからこそ、省エネ、省資源技術で世界をリードすることができている。そして、自然災害に耐えうる安全技術、耐震技術なども一流だ。制約をバネにして日本は発展してきた。

普通だったら諦めてしまうところを、「なにくそ!」と踏ん張る。みんなで知恵を出し合い、制約を克服する。それこそが日本の優位性の本質である。

秋田支社も同様である。たとえば、「技術開発件数」(社員100人あたり、2014年度)という指標を見ると、JR東日本の全社平均が0・7であるのに対し、秋田支社は1・1と4割近く高い。

毎年、20~30件の技術開発登録をコンスタントに行い、2012年度には2件、2014年度に1件の特許出願も行っている。

制約は経営においてけっしてマイナスではない。制約だらけの環境だからこそ、人は育ち、企業にとってかけがえのない財産となるのである。

まずは自ら考え行動しよう

JR東日本には「CS運動活性化支援費」という予算がある。CSは「チャレンジ・セイフティ」「カスタマー・サティスファクション」の略である。

これは単なる安全対策費、サービス向上予算ではない。現場が安全やサービス向上に向けて活動しても、結局予算がつかなくて改善が実現できないという閉塞感やあきらめ感を打破し、「やれば変わるんだ」という達成感を実感させるための予算である。

だから、ＣＳ運動活性化支援費は「現場での議論の熱さ」「社員が流した汗の多さ」で優先順位をつける。つまり、現場がどれほど真剣に考えたのか、どれほど汗をかいたのかという「汗かき度」が最も重要な基準となる。

現在、人事課に勤務する安田勇樹は、運転士だった頃の体験をこう語る。

「運輸区のＣＳ会議で何度も危険箇所を挙げて予算要求したが、１件も採用されなかった。当時はなんでだと不満に思っていた。でも今思えば、当時は自ら考えたり、行動したりせずに、ただ要求を繰り返していただけだった」

２００５年の第１回秋田支社ＣＳチャンピオンに輝いた横手運輸区の高山秀家はこう振り返る。

「CS運動で自分たちで『通行量調査』や『危なさの見える化』に取り組み、奥羽本線の堤踏切に特発（特殊信号発光機）を設置することができた。以前から『堤踏切は危ない』というヒヤリハットは出ていた。でも、みんな『どうせだめだろうな』と思っていた。自分たちには関係ない、俺たちの仕事ではないと思っていたら、実現できなかったと思う。要は、『できるか、できないか』ではなく、『やるか、やらないか』だ。最初から『できない』といっていたら、何もできない。まずやってみて、壁にぶつかったら、そこで考えればいい」

CS運動の原点がここにある。だから、安全企画室長の蛯名正樹は社員たちに「まず自分たちで考えよう。そしてできることから行動しよう」と発破をかける。お金で解決しようとする前に、どれほどみんなで知恵を出し合い、創意工夫をしたのか。関連する他部署を巻き込み、協力を得るなどの努力をどれほど行ったのか。大事なのは、そうした現場の「姿勢」である。

CS運動活性化支援費を含む支社の設備投資を管理する企画室長の菅原学は、CS運動の意義をこう語る。

「問題解決をするのは、お金ではない。問題を解決する当事者は、あくまでも人だ。どれほど熱く行動し、知恵を振り絞ったか。予算化できるかどうかの分岐点は、その一点に尽きる」

現場の実態を把握し、解決するための「ビジット」

現場で解決すべき問題は、現場が「マイプロ」などのツールを活用して主体的に解決する。しかし、すべての問題が現場だけで解決できるわけではない。

現場だけでは解決が難しい問題を把握し、支社全体で問題解決に取り組むために実施されているのが、通称「ビジット」である。

その源流は、今から20年以上前、志村の前任の支社長だった植田哲也が取り組んだ「支社長と語る会」に遡る。植田は秘書と二人きりで各現場を回り、社員と懇談し、悩みを聞いて持ち帰り、それを支社の各担当部で検討し、改善策を実行していた。その流れが受け継がれている。

現在は「現場の問題に真摯に向き合う」ため、現場第一線の課題や安全上の弱点などを把握し、具体的な改善策につなげることを目的に行われている。

5班に分かれ、支社長をはじめ支社の各部長が班長を務め、課長、副課長など系統を横断するメンバーが、グループ会社、パートナー会社を含め現場を訪問する。管理者と一般社員に分け、車座で意見交換を行う。

大事なのは、その後だ。いくら現場の意見、要望を聞いても、それに対して何も対策を講じないのであれば、現場は落胆するだけだ。

だから、現場に対する「回答内容検討会」を何度も繰り返し、納得のいく回答や改善策を真剣に議論する。そして、とりまとめた回答は再度現場に出向き、丁寧に説明する。JR東日本の他の支社においても、同様の取り組みは行っているが、回答検討をここまで根詰めて行っている支社は多くない。

プロローグで紹介した「サービス徐行」が正式にダイヤに組み込まれることになったのも、「リゾートしらかみ」の運転士だった池端哲彦が、「ビジット」で秋田支社の幹部に直訴したことがきっかけとなった。

「ビジット」によって浮かび上がってくる問題は、現場ならではの具体的かつ現実的なものばかりだ。

たとえば、「旅客通路上の設備を清掃する際にも『線路間近だから列車を進入させない措置を講じなくてはいけない』というルールがあり、駅で大きな負担になっている。なんとかルールを見直してほしい」という指摘が出る。ルールはとても大事だが、ルールはすべて完璧ではない。現場実態とギャップがある場合には、ルールそのものを見直す必要があるが、それは現場ではできない。

この意見については、支社の安全推進委員会で三度議論され、安全を担保した上で現場の負担を軽減するルールへと見直しが行われた。

本社を巻き込んだルールの見直しも行われている。在来線の新青森駅・青森駅間は、新幹線利用者の利便を考えて乗車券のみで特急列車が利用できる。しかし、同区間の快速「リゾートしらかみ」は「全車指定席だから」という理由で利用できない。利用客の矢面に立つ駅社員も車掌も案内に窮していた。「ビジット」で出された現場の悩みがきっかけになり、秋田支社が本社や他支社に働きかけ、営業制度が見直されることになった。

また、「工事が冬季にずれ込み、除雪をしながら作業を行っている。もっと早く工事契約をしてほしい」という声が上がった。契約のずれ込みが、現場での作業に大きな影響を与えていたのだ。こうした現場の声一つひとつに真摯に耳を傾け、ひとつずつ改善策を探っていく。

現場に存在する問題点は、本来、その現場を預かる駅長などの「現場長」が把握し、改善に向けて動くのが基本だ。そのような問題意識から、「ビジット」は支社幹部の訪問だけでなく、2015年度から「現場長」がパートナー会社など現場第一線を担う作業員と車座で議論する「現場版ビジット」も並行して行われている。

2015年度はこれらの「ビジット」を通じて、1700件もの提言・要望が上がり、その6割以上が改善された。「改善を検討する」を含めると、約8割が改善検討の俎上に載せられた。

ビジット四班の班長として、改善に執念を見せる設備部長の安東豊弘は、「ビジット」への思いをこう語る。

「『現場の問題に真摯に向き合う』と口でいうのは簡単だが、実際に改善を検討するのはものすごく大変だ。しかし、ここで手を抜いたら、我々がいつもいっている『現場第一』も『安全第一』も空念仏になる」

副班長として安東を補佐する営業企画課長の橋本渉は、「ビジット」での自身の経験をこう話す。

「改善が実現して、現場の社員から感謝されれば、苦労した甲斐があるし、達成感もある。これこそが非現業部門の本来の役割なんだと思う」

こうした緊密なコミュニケーションと丹念な努力の積み上げによって、現場の諦めムードは少しずつ払拭され、問題の掘り起こしが進み、安全やサービスのレベルアップにつながっていく。現場力強化は、現場だけの問題ではない。支社幹部や非現業部門の姿勢や行動が変わることこそが、現場の意識を変え、現場力強化につながるのだ。

社員が「主役」

秋田支社は支社内、グループ内でのコミュニケーションをとても重視している。組織の「見えない壁」をなくし、組織の密度を高めるために様々な仕掛けを講じている。

「ビジット」もそのひとつである。膝詰めのコミュニケーションを図ることによって、直接部門と間接部門の温度差をなくし、一体となって問題解決を進めている。

支社の一体感を高め、「秋田は人で勝負する」を加速するための武器として位置付けられているのが社内報と壁新聞である。

社内報の名称は「KOMACHI」。その出来栄えは秀逸だ。2015年9月号はカラー刷りの16ページ。読み応えたっぷりだ。

9月号には177人もの社員、グループ会社社員が写真付きで登場している。青森県・函館観光キャンペーンで活躍した人たち、71万人が来場した大曲の花火大会当日にごった返す駅で奮戦した人たち、技能競技会や安全訓練に参加した人たち、「マイプロ」に取り組んでいる人たち、社内表彰を受けた人たちなど、様々な角度から支社の「いま」を浮かび上がらせている。2015年度は6回発行し、延べ1000人が登場した。登場すると、支社長の直筆サイン入りの礼状と共に「実家の家族用」としてもう1冊余分に配られる。

編集委員を束ねる広報課長の西鳥羽幸勇は、社内報を担当している千田隼、柴田亜希子にこう注文をつける。

「もっともっと社員を登場させろ。何かにチャレンジした人は必ず載せろ」

千田や柴田は各部の編集委員たちの協力を仰ぎながら、社員たちを取材し、生の声を集めるために現場を日々奔走している。編集委員のひとり松橋拓哉はこう語る。

「通常業務をしながらの編集委員の仕事はけっして楽ではない。でも、いい仕事をした人を見つけ出し、その人が社内報に掲載されることはとてもやりがいを感じる」

２０１５年9月末に大曲保線技術センターで定年退職を迎えた高橋良和は、現場第一線で取り組んだ技術開発を本社で発表したことが「ＫＯＭＡＣＨＩ」で紹介された。その時の気持ちをこう語る。

「広報誌なんかに載ったのは入社以来初めてだ。気恥ずかしかったけど、妻から『お父さん、すごいね』といわれて、ちょっと誇らしかった。鉄道人生37年間の最後に一生の思い出ができた。これを励みに、今度は関連会社の立場で後輩を精一杯指導したい」

総務課長の保坂善之は「KOMACHI」の意義をこう語る。

「頑張った社員に光を当ててみんなで拍手を贈ろうというのが『KOMACHI』のコンセプトだ。努力や頑張りを認めることで、社員の達成感は倍加する。支社の社員みんなが掲載されるような挑戦をすれば、秋田支社はもっともっとすごい支社になる」

「AKITA Wayを加速する壁新聞」も秋田支社ならではのコミュニケーション媒体である。AKITA Wayの本格展開を始めた2006年6月に創刊し、2015年3月に100号を迎えた。

AKITA Wayを実践している現場の取り組みにスポットライトを当て、紹介するための媒体として誕生した。AKITA Wayとは何かを具体的な現場での活動を紹介することによって理解してもらい、自ら実践する人をつくるための情報誌である。

広報誌『KOMACHI』の表紙

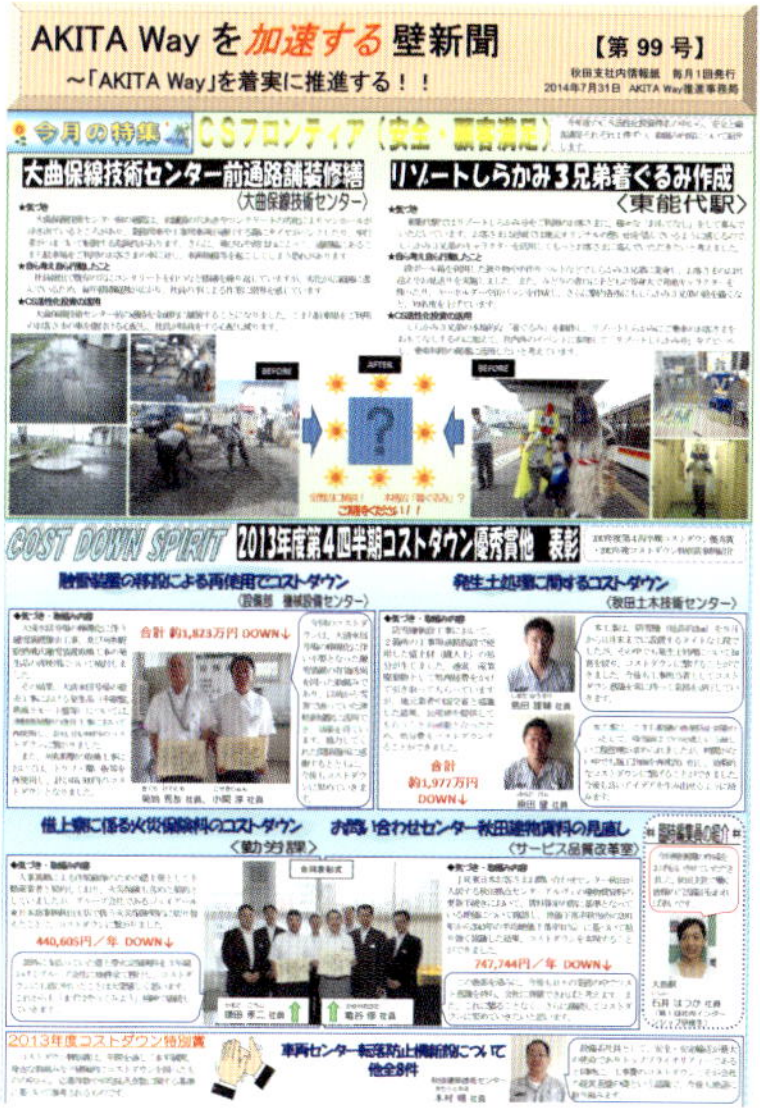

「AKITA Wayを加速する壁新聞」第99号

100号を記念する座談会で、2015年6月まで人事課長を務めた井口亮資はこう語っている。

「秋田支社の社員はいいことをやっても黙っている。自分たちは何でもないことだと思っていることが、『実はすごいことなんだ』と感じてもらうことがとても大事だ」

AKITA Wayの「主役」は、現場第一線の社員たちである。AKITA Wayとは一人ひとりの社員がキラキラと輝き続けることに他ならない。

線路は未来へと続く

秋田支社にとっての最大のチャレンジは、AKITA Wayをいかに継承していくかにある。秋田支社の現場で培われた「見えない資産」を若い世代に引き継ぎ、より高度なものへと高めていかなければならない。

初代CSチャンピオンとなった高山秀家は、横手運輸区で長年運転士をしていた。その高山が55歳で初めて助役職試験に挑戦し、見事合格し、管理者になった。第二の職場も退職し、現在はＯＢとして悠々自適の毎日を過ごす高山は、管理者となった理由をこう語る。

「運転士としてのキャリアをまっとうし、ラストラン（最後の乗務）で花束をもらうのが夢だった。昔は自分さえしっかりやっていればよいと思っていた。でも、それでは鉄道人の使命は果たせないと気づいた。ＣＳ運動に取り組む中で、上司に支えられて多くの達成感を味わった。今度は自分が後輩たちを支える番だと思った。オリンピックの聖火リレーと同じで、次の世代へと伝えていくことが真の鉄道人の使命だと思う」

五能線という「奇跡のローカル線」は、鉄道現場の社員たちの手で育てられた日本の「宝物」である。そして、その「宝物」をさらに進化させていくのも、同じＤＮＡを引き継いだ現場なのである。

おわりに　～経営は「物語」である～

私が初めてＪＲ東日本秋田支社を訪ねたのは、今から10年以上前の２００４年のことだった。毎年行われている「秋田支社安全フォーラム」に招かれ、現場力について講演をさせていただいたのが、ご縁の始まりだった。

それから何度か講演に招いていただき、秋田を訪ねた。美味しいお酒、美味しい味覚もさることながら、私は「秋田の鉄道人」たちに魅了されていった。五能線という素晴らしいローカル線があることも知った。

これほど厳しい環境の中で、こんなにも鉄道に愛情を捧げ、地域のために貢献しようとしている人たちがいることを知って、私の胸は熱くなった。

白石さんは２０１４年、支社長として秋田に戻られた。そして、私に「秋田支社安全フォーラムでもう一度話してほしい」と声を掛けてくれた。懐かしい人たちとの再会はとても楽しいものだった。

秋田支社は相変わらず「熱い支社」のままだった。五能線は「日本一のローカル線」になっていた。

地方創生のひとつのモデルがここにあると私は強く感じた。

私は白石さんにこうお願いした。「秋田支社と五能線についての本を書かせてもらえませんか?」。白石さんは快諾してくれた。

２０１６年7月、五能線は全線開通80周年を迎える。その記念の年に、この本は誕生した。


いうまでもないが、この本は「実話」である。けっしてフィクションの作り話ではない。

秋田支社、そして五能線にはたくさんの「物語」が詰まっている。ひとつずつを見れば、「小さな物語」だ。しかし、それらが紡ぎ合って、ひとつの「大きな物語」が出来上がっている。

そして、大切なのは、それぞれの「小さな物語」にはそれぞれの「主人公」がいることだ。単に目の前の仕事をこなすだけでなく、みんなが自分ならではの「物語」を紡ごうと懸命に努力をしている。そして、周りの仲間たちがそれを支えている。秋田支社の魅力はそこにある。

経営学的にいえば、経営とは「企業価値の最大化」、「株主価値の最大化」ということになる。資本主義の論理では、それは否定できない。

しかし、それだけではあまりにも味気ない。企業価値、株主価値などという得体の知れないものだけで経営を語ろうとするから、経営の本質を見誤る。

経営は人の営みである。そこでは、数多くの「小さな物語」が日々営まれているはずである。そこに目を向け、どうしたら良質な「小さな物語」をたくさん生み出すことができるのかを考えるのが経営者の仕事である。

よい経営とは、「小さな物語」が次から次へと生み出されることである。五能線の「物語」もこれで終わりではない。これからもずっと「to be continued」(つづく)である。

本書を書くために、秋田支社を5回訪ねた。初春、夏、秋、そして冬。五能線はそのたびにまったく異なる表情で私を出迎えてくれた。

五能線は実に奥が深い。その魅力や様々な「物語」を伝えきれたかというと、まったくもって自信がない。ここから先は、五能線に実際に乗車していただき、体感していただくのが一番である。

本書の執筆に当たっては、JR東日本秋田支社の全面的なご協力をいただだいた。２０１６年６月に本社へ異動された白石前支社長はじめ、保坂善之さん、伊藤慶信さん、柴田亜希子さんには取材のアレンジ、情報提供、原稿のチェックなど面倒なお願いに真摯にご対応いただいた。

快くインタビューを引き受けていただいた秋田文社、グループ会社の皆さん、五所川原の立佞武多の館の菊池忠館長にも改めて御礼申し上げる。

また、取材にも同行いただいたＰＨＰ研究所の大村まりさんには、本書の企画の段階から有益なアドバイスをいただいた。そして、いつもながら執筆のための環境を整えてくれ、本書で使う写真選定などにも協力してくれた秘書の山下裕子さんにも感謝を申し上げる。本書の素敵なデザインや魅力的な写真選定は柴田さん、大村さん、山下さんの女性３名による最強のチームワークによって実現した。

本書を書き終えたら、今度は取材抜きで五能線にのんびり揺られる旅に出かけようと思っている。

２０１６年７月

遠藤　功

十二湖〜陸奥岩崎間にある仙北岩トンネル

注記

【1】洋泉社MOOK『徹底解析!! JR東日本』のデータにもとづく。

【2】JR東日本には6ヶ所の総合車両センターがある。エンジンとトルクコンバータ（変速機）の検査・修理は秋田総合車両センターに集約されている。つまり、JR東日本でエンジンの検査・修理ができる唯一の総合車両センターである。

【3】列車の安全確保のため、一定の区間に同時に2本以上の列車が入らないよう、信号などで区切られた区間のこと。

【4】津軽地方では白神山地を「シラガミサンチ」と呼ぶ。

【5】青森～野辺地間は新幹線開業により経営分離されたため、現在は青い森鉄道。

【6】標準語では「冷たい床にひざまずいて勉強するなんてあまりにもかわいそうだ。なんとかしてあげたい」。

参考文献

『ザ・五能線』桜庭文男／田宮利雄、R2アソシエイツ、1994
『日本のパノラマ展望車』徳田耕一、JTBパブリッシング、2012
『キハ47物語』石井幸孝、JTBパブリッシング、2009
『写走　夢ライン五能線　フォトコンテスト作品集』陸奥新報社／五能線沿線連絡協議会、2005
『沿線美景五能線ガイド』交通新聞社、五能線沿線連絡協議会、2015
『徹底解析!!　JR東日本』洋泉社、2015
『にっぽん全国　観光列車に乗ろう』昭文社、2015
『別冊宝島　乗りたい！　鉄道完全ランキング』『旅と鉄道』編集部、宝島社、2015
『日本を満喫できるリゾート列車完全ガイド』笠倉出版社、2014

他に、富岡耕太（北海道大学大学院）「広域観光を推進する組織のネットワーク形成に関する研究」（修士論文）、日本経済新聞、日経ビジネスなどの新聞、雑誌を参考にした。

【ブックデザイン】
印牧真和
【題字制作】
有限会社 マゼンタ
【本文・装丁写真提供】
東日本旅客鉄道株式会社 秋田支社
株式会社 ジェイアール東日本企画 秋田支店
立佞武多の館

〈著者略歴〉
遠藤　功（えんどう・いさお）
ローランド・ベルガー日本法人会長。早稲田大学商学部卒業。米国ボストンカレッジ経営学修士（MBA）。三菱電機株式会社、米系戦略コンサルティング会社を経て、現職。経営コンサルタントとして、戦略策定のみならず実行支援を伴った「結果の出る」コンサルティングとして高い評価を得ている。ローランド・ベルガーワールドワイドのスーパーバイザリーボード（経営監査委員会）アジア初のメンバーに選出された。株式会社良品計画 社外取締役。ヤマハ発動機株式会社 社外監査役。損保ジャパン日本興亜ホールディングス株式会社 社外取締役。日新製鋼株式会社 社外取締役。コープさっぽろ有識者理事。
『現場力を鍛える』『見える化』（以上、東洋経済新報社）、『新幹線お掃除の天使たち』（あさ出版）など、ベストセラー著書多数。

五能線物語
「奇跡のローカル線」を生んだ最強の現場力

2016年7月28日　第1版第1刷発行

著者　遠藤　功
発行者　小林成彦
発行所　株式会社ＰＨＰ研究所
東京本部　〒135-8137　江東区豊洲5-6-52
ビジネス出版部　☎03-3520-9619（編集）
普及一部　☎03-3520-9630（販売）
京都本部　〒601-8411　京都市南区西九条北ノ内町11
PHP INTERFACE　http://www.php.co.jp/
組版　株式会社PHPエディターズ・グループ
印刷所
製本所　図書印刷株式会社

ISBN978-4-569-83009-4